O ESCÂNDALO DA DISTÂNCIA
UMA LEITURA D'*A MONTANHA MÁGICA* PARA O SÉCULO XXI

JOÃO PEDRO CACHOPO

TINTA-DA-CHINA
LISBOA · SÃO PAULO
MMXXIV

SUMÁRIO

Prefácio		6
Agradecimentos		13
Proposição		16
1.	Subida à montanha	20
2.	O caso Mann	42
3.	Desvio wagneriano	64
4.	Um livro musical?	84
5.	Discos e radiografias	104
6.	Um romance para o nosso tempo	132
7.	Em busca da boa distância	152
Referências bibliográficas		168
Créditos das imagens		173
Sobre o autor		174
Sobre a colecção		175

PREFÁCIO

O livro *A Montanha Mágica*, de Thomas Mann, é famoso por seus temas e debates filosóficos. Encontramos nele profundas reflexões sobre a morte, o tempo, o amor, a violência e a vida, além de acompanharmos as conversas entre Settembrini e Naphta, em oposição dialética: um, defende a razão, o progresso, o humanismo e a liberdade; o outro, tem um partido autoritário no espiritualismo e na ditadura, é um "revolucionário de reação". Tudo isso será comentado em *O Escândalo da Distância: Uma leitura d'*A Montanha Mágica *para o século XXI*. Mas não é aí que reside sua originalidade, e sim na revelação de que o canônico romance de 1924 guarda surpresas cem anos depois, como mostra João Pedro Cachopo.

Sua abordagem geral parte da relação entre a filosofia e a ação, o intelectual e a realidade, que aparece no romance com a metáfora da montanha e da planície. O mérito de Cachopo está em desfazer a simples justaposição entre o que seria a altura filosófica e a baixeza mundana nas imagens do romance, perguntando-se antes pelo sentido que têm essas distâncias. Afinal, no enredo, o que fica na montanha é um sanatório para tuberculosos, onde está o protagonista Hans

Castorp, ou seja, o torpor, não a razão, em princípio. É com argúcia que Cachopo interpreta, parafraseando Nietzsche, as vantagens e desvantagens da distância para a vida.

Nesta leitura do romance, são contadas as transformações na trajetória de seu autor antes da publicação, entre 1912 e 1924, bem como em seu contexto histórico, com atenção para sua relação com a Primeira Guerra Mundial. Explora-se, ainda, sua apropriação do gênero do romance de formação. Identifica-se, de modo instigante, a importância da tecnologia naquele momento, seja nas mudanças na experiência com a música e a escuta, seja através das radiografias e da perplexidade diante de se ver pela primeira vez um coração vivo na imagem.

Isso tudo permite à interpretação de Cachopo, por um lado, situar o romance em seu tempo, o começo do século XX, e, por outro lado, apontar o que ele tem a dizer para o nosso tempo, o começo do século XXI. No romance de Mann, como já era o caso na história da filosofia desde a "alegoria da caverna" de Platão até o *Zaratustra* de Nietzsche, a distância é referida ao espaço, com um alto e um baixo. Cachopo, em sua leitura, também a refere ao tempo, buscando não apenas o lugar, mas o momento no qual *A Montanha Mágica* fala conosco e nos faz pensar.

Pedro Duarte
Tatiana Salem Levy
coordenadores da colecção Ensaio Aberto

Para o Pedro Duarte e o Humberto Giancristofaro

Retirar-se do mundo sem ter de assumir a
responsabilidade da decisão — tal é o tema
d'A Montanha Mágica.
— Susan Sontag

O que de tudo é o mais difícil? O que parece mais fácil.
Ver com os olhos o que está diante deles.
— Johann Wolfgang von Goethe

Quanto se chegam mais os olhos perto
Tanto menos a vista determina.
— Luís Vaz de Camões

AGRADECIMENTOS

Há livros que surgem de rompante, mesmo quando neles se insinuam ideias ruminadas há muito. Há, também, os que mantêm com certos acasos, inclusive com as contingências da amizade, laços de indesmentível cumplicidade. E há os que constituem desafios, que têm a virtude, com uma pontualidade misteriosa, de desbaratar o desânimo com uma fúria que o próprio desanimado espanta.

O Escândalo da Distância — em que tudo isto se verifica — é indissociável de dois convites. Estávamos em Março de 2023, quando o Pedro Duarte me falou de uma futura colecção, fruto de uma parceria entre o Instituto de Filosofia da Nova e a Tinta-da-china, que ele e a Tatiana Salem Levy iriam coordenar, sobre filosofia e literatura, e me sondou sobre se eu teria algum projecto na gaveta sobre o tema. Pela mesma altura, o Humberto Giancristofaro, de quem o Goethe Institut ia exibir, a 4 de Abril de 2023, *Aquilo que Sobra*, desafiou-me a apresentar este seu filme — uma adaptação livre d'*A Montanha Mágica* — com a Gisela Casimiro. Foi neste contexto, preparando esta apresentação no meio de recordações, intuições e obsessões antigas e recentes — e já lá iam vinte e dois anos desde 2001, quando li *A Montanha Mágica* pela primeira vez —, que me ocorreu a ideia para este livro.

Já em 2024, devo a oportunidade para discutir hipóteses e suspeitas afins a este projecto aos organizadores e participantes de três eventos: uma reunião do grupo de leitura da Sociedade Portuguesa de Psicossomática, organizada pela Teresa Vasconcelos Sá e pelo Miguel Serras Pereira, uma sessão do Seminário Permanente de Estética e Filosofia da Arte do IFILNOVA, sob a coordenação do Nuno Fonseca e do Nélio Conceição, e o 13.º Encontro "Raias Poéticas", concebido pelo Luís Serguilha.

Este livro, finalmente, não teria acontecido sem a leveza e o interesse persistentes, à melhor distância, da Kateryna Maksymova.

JOÃO PEDRO CACHOPO

PROPOSIÇÃO

Muito se escreveu sobre o carácter filosófico d'*A Montanha Mágica*. Recorda-se o percurso de aprendizagem de Hans Castorp, um jovem simples que, durante uma estadia inesperadamente longa num sanatório suíço no início do século xx, se confronta com as grandes questões da humanidade: o enigma do tempo, a natureza do amor, da doença e da morte, o sentido da vida e da história. Imagina-se que a condição dessa aprendizagem é a distância que a montanha garante. O protagonista eleva-se acima da balbúrdia do mundo; a elevação no espaço convida à demora no tempo; tudo concorre para os voos rasantes do pensamento.

Por outro lado, parece haver algo de mórbido no isolamento contemplativo da montanha. O narrador não o esconde. Ao invés, sublinha-o do princípio ao fim do romance. A inacção e a frivolidade reinam no sanatório. Os debates entre Settembrini e Naphta — os principais interlocutores do herói — redundam numa barafunda sangrenta. E Castorp assiste... É a personificação da distância, da neutralidade, da hesitação. Aos poucos, a distância revela-se diletantismo; a neutralidade confunde-se com apatia; a hesitação devém alheamento. Mas a realidade vinga-se: ribomba o trovão da guerra, dando início à catástrofe europeia, que marca o espaço-tempo das duas guerras mundiais.

Qual é o sentido da experiência distanciada de Castorp? É a distância condição ou obstáculo da lucidez? E será a montanha a melhor metáfora da distância? Não é claro que o seja. E a desorientação que esta dúvida gera é o cerne filosófico d'*A Montanha Mágica*. É nela também que reside a sua força. E a sua actualidade.

*

A *hipótese* é simples: se *A Montanha Mágica* é um romance filosoficamente pertinente, não o é devido aos temas que nele são debatidos — o amor, a morte, o tempo —, mas porque o atravessa, nas suas linhas e entrelinhas, a *pergunta* sobre as vantagens e os inconvenientes da distância para o pensamento. Noutros termos, por nele se interrogar a própria condição de possibilidade da filosofia.

No caso d'*A Montanha Mágica*, uma obra escrita entre 1912 e 1924, esta pergunta não se levanta apenas no plano da ficção, no qual a montanha surge como metáfora, mas também no plano da realidade. Imerso em dúvidas sobre a melhor forma de se posicionar no seu tempo — e sublinho, desde já, que a escrita deste romance começou antes e terminou depois da Primeira Guerra Mundial —, o escritor sofreu uma profunda metamorfose, que deixou marcas indeléveis de hesitação, exaspero, embaraço, arrependimento e vergonha no texto. Evitando quaisquer reducionismos, pois não faria sentido sugerir que a chave da interpretação da *obra* reside nas experiências do *autor*, importa auscultar aquelas dúvidas, que transcendem o plano individual.

Se o ponto de partida deste livro é uma *hipótese*, o seu ponto de chegada — o resultado dessa auscultação — é uma *suspeita*: a "boa distância" não encontra na montanha a sua metáfora. É preciso descer da montanha; quer dizer, é preciso abdicar do recuo, da espera e da segurança que ela simboliza. Mas não basta. É igualmente preciso, nos labirintos e nas encruzilhadas da planície, buscar a boa distância.

*

O Escândalo da Distância é, na sua intenção mais íntima, um ensaio sobre essa busca — um ensaio que *é* essa busca. Contudo, constituindo concomitantemente uma leitura d'*A Montanha Mágica*, não deixa de realizar certas tarefas que o assemelham a uma monografia. Entre estas tarefas, incluem-se relancear os momentos cruciais do enredo (capítulo 1), resumir o percurso do autor (capítulo 2) e elucidar o seu maior impasse (capítulo 3). Também não prescinde de esmiuçar alguns dos temas matriciais do livro, como são a música (capítulo 4), a tecnologia (capítulo 5) e o tempo (capítulo 6). Mas faz tudo isto à luz daquela busca, que, tornada explícita no capítulo 7, serve de fio condutor aos seis capítulos precedentes.

Que o romance de Thomas Mann se preste a este propósito — o de interrogar a boa distância da escrita e do pensamento *hoje* — deve-se a dois factores: o primeiro, já referido, consiste no facto de *A Montanha Mágica* dramatizar a pergunta sobre as vantagens e os inconvenientes da distância para o pensamento; o segundo, em cuja exploração retomarei ideias apresentadas n'*A Torção dos Sentidos* (Sistema Solar, 2020; Elefante, 2021; Bloomsbury, 2022), diz respeito ao modo como esta boa distância se insinua subliminarmente, ao longo do romance, no tratamento de questões de índole histórica, política e tecnológica. É, em larga medida, graças a esta exploração que defendo que *A Montanha Mágica* não é apenas um livro *sobre o tempo* e *do seu tempo*, mas também *para o nosso tempo*.

O Escândalo da Distância, tal como o imagino — mas caberá ao leitor apropriar-se do livro como bem entender —, assemelha-se a um exercício propedêutico: mergulhando numa obra publicada há cem anos, procurar nela um trampolim para se lançar no presente, o nosso presente, este presente de guerra iminente, radicalização política e aceleração tecnológica que nos envolve à beira do segundo quartel do século XXI.

Distanciando-nos assim, comecemos.

1
SUBIDA
À MONTANHA

A Montanha Mágica (*Der Zauberberg*) narra a história de Hans Castorp, um "jovem simples, embora cativante" (17)[1], que decide visitar o primo, Joachim Ziemßen, num sanatório suíço, onde este se encontra a curar uma tuberculose. Estamos em 1907 e Castorp tem 23 anos. O seu plano é ficar durante três semanas. Contudo, a sua estada prolongar--se-á por sete anos.

Castorp ficara órfão muito cedo — perdera a mãe e o pai, respectivamente, aos 5 e 7 anos —, tendo passado o resto da infância com o avô paterno, o senador Hans Lorenz Castorp, que morreu não muito tempo depois. Desde então, cresceu sob a tutela do tio-avô materno, o cônsul Tienappel, na industriosa e enevoada cidade de Hamburgo, onde nascera. Uma breve estada nos Alpes suíços, aconselhada pelo médico, pois o jovem estava exausto após os exames finais do curso de Engenharia Naval, afigurava-se duplamente oportuna: permitiria ao jovem retemperar energias, antes de começar a trabalhar numa firma de construção naval, e rever o primo, cuja aspiração a uma carreira militar ficara suspensa desde a descoberta da doença.

As três semanas que Castorp tencionava permanecer no Sanatório Internacional Berghof — é este o nome do estabelecimento médico imaginado por Thomas Mann — correspondem às três semanas que o próprio escritor passou

---

1   Todas as citações d'*A Montanha Mágica* [*Der Zauberberg*], referenciadas entre parênteses no corpo do texto, foram extraídas da mais recente tradução portuguesa de António Sousa Ribeiro (Lisboa: Relógio d'Água, 2020). Sempre que necessário, a tradução foi cotejada com o original, tomando-se por referência o volume 5.1 da *Große kommentierte Frankfurter Ausgabe*, editada por Michael Neumann (Frankfurt am Main: S. Fischer, 2002). Também foram consultadas as traduções portuguesas de Herbert Caro (Lisboa: Livros do Brasil, 2001) e Gilda Lopes Encarnação (Lisboa, Dom Quixote, 2009). As traduções de outras obras em alemão, inglês e francês são da minha responsabilidade.

no Waldsanatorium, em Davos, na Suíça, quando aí visitou a mulher, Katia Mann, entre Maio e Junho de 1912. Diagnosticada precipitadamente com uma tuberculose, Katia, que viveu até aos 96 anos, fora internada para uma estada de cerca de meio ano, que, aliás, cumpriu, como estipulado, de 12 de Março a 25 de Setembro de 1912.

Nessa época, os sanatórios em regiões montanhosas, especialmente nos Alpes, conservavam a reputação que tinham adquirido no final do século XIX, graças às pesquisas de Hermann Brehmer, segundo as quais a estadia em climas secos e elevados seria um meio eficaz para a cura da tuberculose. A doença, cuja origem bacteriana só fora descoberta em 1882, por Robert Koch, era objecto de temor e fascínio, devido aos seus sintomas reais e imaginados, como a palidez, a excitação ou o apetite sexual, com ecos na literatura e nas artes oitocentistas, das novelas de Dickens às óperas de Verdi e Puccini. Encarava-se a tuberculose, nas palavras de Susan Sontag, como "uma doença edificante, refinada", ou mesmo como "um sinal de distinção, de delicadeza, de sensibilidade"[2].

Ao visitar a mulher, também Thomas Mann terá tido a experiência de se deslocar, monte acima e monte abaixo, através de caminhos cada vez mais sinuosos e íngremes, numa carruagem de comboio, até às alturas alpinas. Também ele, portanto, terá experimentado a peculiar imbricação de espaço e tempo, quando a deslocação no primeiro gera a impressão de dilatação do segundo, sobre a qual o narrador se detém ao comentar a viagem do protagonista.

---

2 Susan Sontag, *A Doença como Metáfora*, trad. José Lima (Lisboa: Quetzal, 2009), pp. 23 e 36.

> Dois dias de viagem afastam uma pessoa [...] do seu mundo quotidiano [...]. Tal como o tempo, o espaço cria esquecimento; fá-lo, porém, libertando a pessoa humana das suas relações e colocando-a num estado livre e original. O tempo, diz-se, é Lete; mas também o ar de paragens distantes é uma poção análoga e, mesmo que produza um efeito menos radical, produ-lo, em compensação, com tanto mais rapidez.
>
> Hans Castorp sentiu também algo semelhante. (20)

Assim se introduz um dos mais importantes "temas condutores" do romance: o tempo. E já aqui uma certa ambivalência se manifesta, pois há um preço a pagar pela liberdade: o esquecimento. Na chegada à estação, Joachim Ziemßen recebe Hans Castorp com uma boa disposição que, embora genuína na expectativa da companhia do primo, não apaga a frustração de se encontrar retido nas paragens improdutivas e estagnadas de um sanatório suíço. "Aqui em cima", como repete obstinadamente, as coisas não são como na planície.

Servido o jantar no restaurante quase deserto do sanatório — pois jantam mais tarde do que o habitual nesse dia — a conversa dos jovens é animada. E nem a tosse de um paciente, "como um horrível remexer sem forças na papa da dissolução orgânica" (30), ouvida do corredor indiscreto, desmancha a alegria do reencontro. De volta aos seus novos aposentos no quarto n.º 34, o sono de Castorp, que adormece quase instantaneamente ao deitar-se, é pontuado por sonhos confusos, em que as suas impressões iniciais e as descrições do primo — dos mortos transportados de trenó à *gaffe* do "esterileto" da senhora Stöhr — se encavalitam nas mais extravagantes combinações. Assim termina o primeiro serão de Hans Castorp em Berghof — e o primeiro capítulo.

No segundo capítulo, conta-se a infância do protagonista; resume-se a morte prematura dos pais; relanceia-se o cuidado distante mas terno do avô, o principal representante de um mundo de outrora, pelo qual Castorp sente profunda empatia — o agrado que lhe causa a memória dos seus gestos, como quando "o avô encostava o queixo ao laço alto, branco como a neve" é disso um eloquente sinal, havendo nesse gesto algo que Castorp "aprovava do fundo do seu ser" (39); finalmente, relata-se o final da juventude de Castorp. Após a morte do avô, o seu novo tutor, tio da falecida mãe, cuidou escrupulosamente da herança do jovem, embora cedo o tenha advertido para o facto de que esta, embora razoável, não o livraria dos esforços de uma vida profissionalmente activa.

Castorp, reitera o narrador, não é "nem um génio nem um pateta" (51). É um jovem como qualquer outro, um representante da sua classe, da sua época, da sua região. É um jovem, enfim, "medíocre"...

> Estar disposto a esforços consideráveis, para além da escala do que é pura e simplesmente requerido, sem que o tempo tenha uma resposta satisfatória para a pergunta "para quê?", exige ou uma solidão e uma autenticidade morais que raramente ocorrem e têm uma natureza heróica, ou uma vitalidade muito robusta. O caso de Hans Castorp não era nem um nem outro e, assim, no fim de contas, ele era, sem dúvida, medíocre [*mittelmäßig*], mesmo que num sentido perfeitamente digno. (52)

Nas três semanas seguintes — relatadas no quarto capítulo, incidindo o terceiro na primeira jornada completa —, Castorp familiariza-se com o peculiar quotidiano do sanatório. Tomando parte em várias actividades, conhece alguns dos seus mais singulares residentes, entre os quais se destacam, neste momento do romance, Ludovico Settembrini, um intelectual humanista de origem italiana, língua afiada e espírito crítico, e Clavdia Chauchat, uma jovem russa, de fisionomia asiática — com malares salientes e olhos quirguizes —, que logo lhe recorda alguém que o jovem, por enquanto, não é capaz de identificar.

Neste ponto, Castorp mais não é do que um visitante. No primeiro encontro com o Dr. Krokowski, o médico assistente do sanatório, o jovem apresenta-se, sem velar uma ponta de orgulho, como alguém que não carece de tratamento, alguém que, portanto, está somente de passagem, de férias, por três semanas. Contudo, a experiência no sanatório não deixa este visitante e espectador — que ora se irrita, ora se espanta, ora se delicia — indiferente. A loquacidade de Settembrini aborrece-o; o estardalhaço da porta largada por Clavdia Chauchat à entrada do restaurante enerva-o; os hábitos indecorosos da juventude escandalizam-no. A atitude dos médicos, nos encontros iniciais com o Dr. Krokowski e o Dr. Behrens, a principal autoridade no sanatório, apanham-no invariavelmente desprevenido. Este último, reconhecendo-o anémico, declara, com bonomia, que ele daria um belíssimo paciente, "melhor do que o primo" (68).

Ao mesmo tempo, há muitas coisas naquele sanatório, naquele quotidiano, naqueles hábitos, que o seduzem. As cadeiras de recosto, por exemplo, parecem-lhe magníficas, exibindo "qualidades difíceis de discriminar e quase misteriosas" (131), convidando-o a passar pelas brasas — algo que o protagonista não deixa de fazer com frequência. Também a cozinha é apelativa, diversa e requintada. Desde muito cedo, é como se uma sereia alpina o convidasse a demorar-se no sanatório ou lhe sugerisse, enfim, que não terá escolha: que ali ficará retido, por muito mais tempo do que julga, naquela "montanha encantada". Aliás, "A Montanha Encantada" (*Der verzauberte Berg*) — uma alusão à "montanha de Vénus" de *Tannhäuser* — era o título inicial da obra, que foi inicialmente pensada como uma novela e que só mais tarde adquiriu a dimensão e o título que hoje conhecemos.

Entre a irritação e a curiosidade, Clavdia Chauchat continua a lembrá-lo de alguém. Quem seria? Um sonho dá--lhe algumas pistas. Mas é num passeio pelos arredores do sanatório, sentando-se para descansar, que a memória de um episódio dos tempos de escola se lhe reconstitui nitidamente na consciência. Clavdia Chauchat é a cara chapada de um colega, Pribislav Hippe, que o fascinara por longos meses e com o qual, num momento marcante, embora aparentemente anódino — quando lhe pediu um lápis, a pretexto de se ter esquecido do seu, antes de uma aula de desenho —, tivera uma breve, embora deliciosa, conversa. O menino guardou na memória este episódio, até que em algum momento o terá esquecido, à semelhança das aparas do lápis que pedira emprestado, guardadas numa gaveta da carteira. A atracção do jovem adulto por Chauchat tem por arquétipo a atracção da criança pré-adolescente por Hippe. Também nisso — num homoerotismo subliminar — Castorp terá algo de Mann.

Os destinos do autor e da personagem separam-se, contudo, ao final da terceira semana. Ambos foram examinados. A ambos foi dito que fariam melhor em prolongar a sua permanência. Mas as reacções de um e de outro foram completamente distintas. O escritor relata o episódio em 1939, no início do seu exílio norte-americano, na célebre conferência proferida em Princeton:

> O director, que, como podem imaginar, se parecia um pouco, na aparência exterior, com meu Conselheiro Behrens, auscultou-me e verificou com a maior rapidez um pretenso abafamento, um ponto doente no meu pulmão, o qual, se eu fosse Hans Castorp, talvez tivesse dado uma reviravolta a toda a minha vida. O médico assegurou-me que eu agiria com muita prudência se me mudasse ali para cima para uma cura de meio ano e, se tivesse seguido o seu conselho, quem sabe, talvez ainda estivesse lá em cima. Mas preferi escrever *A Montanha Mágica* [...].[3]

Ao contrário de Mann, que decide descer à planície para escrever o seu romance — mas não só para escrever o romance, pois, como veremos, a "descida à planície" tem mais do que um significado para o escritor —, Castorp acata a sugestão do médico. Cede, portanto, ao charme da montanha, que lhe promete os seus gozos — mas também os seus enigmas, as suas provas e as suas visões.

Pois — entendamo-nos — nem só de sonolência e inactividade, como se torna claro nos capítulos quinto, sexto e sétimo do romance, se faz a experiência alpina de

---

3 Thomas Mann, "Einführung in den 'Zauberberg'. Für Studenten der Universität Princeton", in *Rede und Antwort* (*Gesammelte Werke in Einzelbänden Bänden*), ed. Peter de Mendelssohn (Frankfurt am Main: S. Fischer, 1984), p. 69. Apesar de a conferência ter sido proferida em inglês, dada a insatisfação do escritor com a tradução, opto por referenciar a versão alemã, que haveria de figurar como prefácio em edições posteriores do romance.

Castorp. Há algo de iniciático nas peripécias da vida do herói ao longo daqueles sete anos. É na montanha — na qual se desvia do percurso que havia traçado para si, enveredando pelas aventuras do amor e do saber — que o jovem se abre à experiência, à sensibilidade, à reflexão. Daí que seja possível encarar o texto como um *Bildungsroman*, um "romance de formação".

Tendo como paradigma *Os Anos de Aprendizagem de Wilhelm Meister* (1796) de Johann Wolfgang von Goethe, o "romance de formação" — é isso que o distingue como género literário — acompanha o desenvolvimento de um herói que, após um desvio à norma, quando, ainda jovem, segue o ímpeto das suas paixões, retorna, amadurecido pela experiência, à sociedade. N'*A Teoria do Romance*, György Lukács apresenta a obra de Goethe justamente nesses termos: como uma reconciliação do "indivíduo problemático" com a "realidade social concreta"[4]. Segundo este modelo, o que o herói perde em espontaneidade, ganha em responsabilidade e maturidade. Daí que, para Franco Moretti, o "final feliz" do *Bildungsroman* represente um "triunfo do sentido sobre o tempo"[5]. Em contrapartida, o retorno à norma não é uma simples renúncia à liberdade individual, uma vez que o herói encontra na sociedade do seu tempo respaldo objectivo para os seus esforços, expectativas e ambições subjectivos.

Esta categoria é frequentemente evocada nos estudos sobre *A Montanha Mágica*. É assim nos trabalhos canónicos

4   György Lukács, *A Teoria do Romance*, trad. José Marcos Mariani de Macedo (São Paulo: Edições 34, 2000), p. 138.
5   Franco Moretti, *The Way of the World: The Bildungsroman in European Culture* (London: Verso, 1987), p. 55.

O ESCÂNDALO DA DISTÂNCIA

de Hermann J. Weigang[6], Erich Heller[7], Walter Horace Bruford[8] e Michael Minden[9], que, ao inserirem o romance naquela tradição, se baseiam nas próprias declarações de Thomas Mann. Com efeito, o escritor refere-se ao conceito em ensaios e conferências posteriores à publicação da obra em 1924, inclusive na conferência de Princeton[10]. Além disso, já em Agosto de 1915, ele descreve o projecto, em carta endereçada ao crítico austríaco Paul Amann, em termos congruentes com o conceito de formação, referindo o intuito "pedagógico e político" da obra[11].

Dito isto, a categorização d'*A Montanha Mágica* como um romance de formação tem suscitado acesos debates e bastante cepticismo. A importância, neste retrato do jovem Castorp, da abertura a novas experiências e ideias é inegável. Porém, segundo vários outros autores — entre os quais se incluem, no contexto luso-brasileiro, António Sousa Ribeiro[12]

---

6   Hermann J. Weigand, *The Magic Mountain: A Study of Thomas Mann's Novel* Der Zauberberg (Chapel Hill: University of North Carolina Press, 1965 [1933]).

7   Erich Heller, *Thomas Mann. The Ironic German* (Cambridge: Cambridge University Press, 1981 [1958]).

8   Walter Horace Buford, *The German Tradition of Self-Cultivation: «Bildung» from Humboldt to Thomas Mann* (Cambridge: Cambridge University Press, 1975).

9   Michael Minden, *The German Bildungsroman: Incest and Inheritance* (Cambridge: Cambridge University Press, 1997), pp. 205-244.

10   Thomas Mann, "Einführung in den 'Zauberberg'", p. 80.

11   Carta a Paul Amann, 3 de Agosto de 1915. Thomas Mann, *Briefe II: 1914-1923*, *GKFA*, vol. 22, ed. Thomas Sprecher, Hans R. Vaget e Cornelia Bernini (Frankfurt am Main: Fischer, 2004), p. 85.

12   António Sousa Ribeiro, "Prefácio", in Thomas Mann, *A Montanha Mágica*, p. 9: "Thomas Mann viria a referir-se várias vezes à sua obra como um romance de formação [...]. Há, no entanto, boas razões para pôr em causa esta classificação. [...] [O] pressuposto da socialização da personagem próprio do romance de formação está, desde logo, posto em causa pela circunstância de essa socialização, no caso de Hans Castorp, se traduzir na integração num espaço de excepção em que as regras de funcionamento da sociedade estão, pelo menos parcialmente, suspensas. No final do percurso, não encontramos a personagem como membro de uma comunidade harmoniosa regida por normas racionais — o regresso à 'planície' significa o envio para o caos dos campos de batalha da Grande Guerra."

e Luciano Gatti[13] —, a ideia de "formação" pressupõe um optimismo incompatível com o espírito e a letra da narrativa. É isto que defende, de forma particularmente incisiva, Geoffrey Winthrop-Young, descrevendo a categoria, quando aplicada ao romance de Mann, como um "obstinado produto da imaginação académica"[14]. A acção, num tempo que não dá resposta à pergunta "para quê?", termina com a guerra, e não com o retorno de Castorp a uma ordem familiar ou laboral. E o herói, que nunca foi propriamente problemático — no sentido de se rebelar contra as regras da sociedade em que está inserido —, permaneceu, ao cabo daqueles sete anos, imaturo. Nada indica, pelo contrário, que Castorp, por vontade própria, alguma vez descesse à planície, fosse para se alistar no exército, fosse para constituir família, fosse para seguir a carreira de engenheiro ou desbravar terreno num qualquer outro ramo de actividade.

Sem prejuízo deste cepticismo — que, como se tornará claro nos capítulos 5 e 6, me parece bem fundado —, permanece um facto que o romance relata um percurso existencial rico em experiências, reflexões, encontros, perplexidades, entusiasmos e desilusões. É deste percurso, independentemente de se considerar que ele justifica ou não a caracterização do romance como um *Bildungsroman*, que tratarei em seguida.

13 Luciano Gatti, "*A Montanha Mágica* como romance de formação", *Viso: Cadernos de Estética Aplicada*, n.º 15 (2014), p. 119: "Em *A Montanha Mágica*, por sua vez, a ironia, sem excluir esse primeiro sentido [comum a *Wilhelm Meister*], parece estar conectada a um outro, surgida justamente de uma reflexão sobre o fim das condições históricas que possibilitaram o romance de formação. Talvez, por isso, ela às vezes ceda à paródia, na medida em que não apenas personagens e situações são ironizadas, mas também a forma mesma do romance de formação."
14 Geoffrey Winthrop-Young, "Magic Media Mountain: Technology and the *Umbildungsroman*", in *Reading Matters: Narrative in the New Media Ecology*, eds. Joseph Tabbl e Michael Wutz (Ithaca, New York: Cornell University Press, 1997), p. 49.

*

Ao longo do tempo que permanece no sanatório, Castorp tem todo o tipo de vivências. Apaixona-se por Clavdia Chauchat. Confronta-se com a morte. Interroga-se sobre o tempo. E estuda os mais diversos temas, da anatomia à psicologia, da fisiologia à botânica, da química à física, da embriologia à astronomia, da história à metafísica — primeiro, sob a tutela de Settembrini; depois sob o fogo cerrado das intensas discussões entre Settembrini e Naphta; e isto sem esquecer, perto do final, a influência efémera mas incisiva de Peeperkorn. Vale a pena considerar alguns destes momentos do percurso de Castorp, que convocam reflexões, entre outros temas, sobre o amor, a morte e o tempo. De facto, embora se defenda neste livro que o cerne filosófico do romance de Mann não reside nos seus temas filosóficos, nem por isso faria sentido ignorá-los.

É na montanha que Castorp se apaixona por Clavdia Chauchat. À irritação inicial, suscitada pelos modos descuidados da jovem — irritação que cedo se dissolve no enlevo de uma atracção antiga e secreta —, sucedem os jogos de aproximação: o toca-e-foge dos olhares, os atrasos à refeição na esperança de um furtivo frente-a-frente no corredor, o encontro fugaz na sala de espera do laboratório de radiologia. Há muito de juvenil nestes comportamentos, embora, verdade seja dita, não escape a tais rituais, seja qual for a sua idade, quem se apaixona. O caso de Castorp, contudo, é especial. O seu idealismo está profundamente entranhado, e o jovem terá muito a aprender, na teoria e na prática, com as lições do Dr. Krokowski — que, além de médico, é um entusiasta da psicanálise — e de Clavdia Chauchat.

Ainda assim, não se permanece em registo platónico. É crível, embora não seja narrado, que a paixão, após meses de olhares furtivos, assomos de febre, rubores e ciúmes, se consuma no Carnaval. É a Noite de Walpurgis, o episódio final do quinto capítulo — em referência ao *Fausto* de Goethe. No embalo das festividades, que incluem bebida, dança e jogos de desenho, a desinibição dá os seus frutos. A certa altura, a pretexto de lhe pedir a lapiseira emprestada, Hans dirige-se a Clavdia. Começa, assim, uma longa conversa, mantida em francês, para grande alegria do jovem, pois, para ele, falar nessa língua estrangeira é como "falar sem falar [...] sem responsabilidade" (398). Apesar da vitória sobre a timidez, é ainda em termos românticos — afirmando que "o corpo, o amor e a morte são uma e a mesma coisa" (404) — que Castorp processa este encontro.

É na montanha que Castorp se confronta com a morte. O jovem anémico, que tão cedo na vida fora exposto à perda dos pais e do avô, vê-se rodeado de moribundos e cadáveres. Os primeiros tossem, gemem, reclamam. Os outros, mais discretos, deslizam de trenó até aos lugares da planície onde encontrarão repouso definitivo. Nada disto — os pormenores do espectáculo da morte iminente ou consumada — causa aversão a Castorp. Antes pelo contrário: a dada altura, arrastando o primo nesta empresa, o jovem multiplica-se em visitas aos doentes terminais do sanatório, levando-lhes flores e tempo para conversar. Contudo, nestes casos, é da morte de outrem que se trata. Quanto à sua própria condição mortal, é diante de uma radiografia — como veremos pormenorizadamente no capítulo 5 — que a "iluminação" acontece. Esta iluminação convida a um reconhecimento menos universal: o da sua própria simpatia pela morte. É desta simpatia, quase uma obsessão, que procura libertar-se, o que só sucede, pelo menos temporariamente, no episódio da "Neve", quando, abrigando-se de uma tempestade, adormece e é tomado por visões de sonho e de pesadelo: *"em nome da bondade e do amor"* — eis a máxima, excepcionalmente grafada em itálico, em que culminam essas visões — *"o ser humano não deve conceder à morte nenhum domínio sobre os seus pensamentos"* (578).

É na montanha que Castorp se interroga sobre o tempo. Se, para ele, a morte é uma obsessão e o amor uma descoberta, o tempo é um enigma. É, porventura, no questionamento do tempo que a personagem e o narrador convergem de forma mais nítida. É na temporalidade da história de Castorp que o narrador se detém na Proposição (17-18). É sobre o tempo a primeira reflexão do jovem no sanatório (89-90). O modo como este sente as distâncias no espaço e no tempo altera-se enquanto sobe à montanha, servindo de pretexto ao narrador para meditar sobre as implicações espaciotemporais da viagem. Este tipo de interrogação ressurge a cada esquina do quotidiano alpino: a propósito da enfermeira muda, do solstício de Verão, da escuta musical. É, além disso, na perspectiva de uma reflexão sobre a experiência temporal que o narrador lançará as suas críticas ao protagonista. O tempo, tal como é vivido, como memória, presença e expectativa; o tempo, que abrange todas as coisas, as contingentes e as necessárias, do princípio ao fim de tudo; o tempo, que constitui tudo o que somos nesse trajecto limitado pela morte, é, porventura, o principal "tema condutor" deste romance.

É na montanha que Castorp estuda, medita, reflecte. Mas nem só de introspecção e leituras se faz a aprendizagem de Castorp. O diálogo e a escuta também desempenham um papel determinante. Ora, após meses de convívio com Settembrini, aparece "mais alguém" (433). É Leo Naphta, um jesuíta marxista, cujas ideias, em tudo opostas às de Settembrini, coabitam e concorrem, no palco da mente de Castorp, com as do seu opositor iluminista[15]. O confronto entre Settembrini e Naphta ocupa um lugar central na narrativa. E é também a ele, não apenas em virtude da abrangência dos temas discutidos, mas também devido ao fôlego dialéctico com que a sua oposição é apresentada no romance, que *A Montanha Mágica* deve a sua reputação filosófica. É, por isso, imprescindível dedicar ao confronto entre as duas personagens uma atenção particular.

Settembrini e Naphta representam mundividências, se não diametralmente opostas, irremediavelmente incompatíveis. Settembrini encarna os ideais da razão e do progresso. É um humanista, um literato, um pedagogo, um entusiasta da revolução, cujo optimismo — nas esferas da política, da história e da moral — não está isento de uma certa ingenuidade. Settembrini acredita na universalidade dos princípios da razão, bem como na liberdade do indivíduo, cuja vontade, concertada colectivamente, será a chave de uma visão justa da sociedade. Naphta, pelo contrário, não acredita na liberdade, escarnece da razão e despreza o progresso. Judeu convertido ao catolicismo, Naphta é um jesuíta, mas também um marxista, ou um ex-marxista, com tendências totalitárias. Diante do progressismo de Settembrini, declara-se conservador, mas também, daí que as suas ideias sejam especialmente difíceis

---

15 A personagem de Naphta — no que à sua veia marxista diz respeito — é em parte inspirada em György Lukács, que Thomas Mann conheceu em 1922. Sobre o encontro entre o filósofo e o escritor, leia-se Judith Marcus, *Georg Lukacs and Thomas Mann: A Study in the Sociology of Literature* (Amherst: University of Massachusetts Press, 1987).

de sintetizar, revolucionário. Naphta seria, nas palavras certeiras de Castorp, um "revolucionário da reacção". Por um lado, enquanto marxista, o seu pensamento conserva traços do método dialéctico — embora em muito se distinga de Hegel e Marx, não apenas pelo seu desprezo pelo optimismo, mas também no seu pacto com o autoritarismo medieval. Por outro lado, enquanto jesuíta, acredita que os fins justificam os meios, defendendo a primazia do colectivo sobre o individual, mesmo em prejuízo da liberdade.

A construção destas duas personagens assenta no cruzamento das mais diversas referências. Para Harold A. Basilius, a desavença entre Settembrini e Naphta tem por modelo a "guerra dos livros", uma polémica que opôs, na aurora da Reforma Protestante, o padre Johann Pfefferkorn (1469-1521), um jesuíta que defendia a queima de livros, e o doutor Johann Reuchlin (1455-1522), um promotor do iluminismo e da literacia[16]. Já Anthony Grenville, realçando que o romance foi escrito entre 1912 e 1924, num período marcado por mudanças políticas e ideológicas radicais, mostra como a caracterização da polémica entre Naphta e Settembrini constitui um decalque do cenário político-ideológico que emergiu do Tratado de Versailles em 1919, após a derrota alemã na Primeira Guerra Mundial.

A Montanha Mágica baseia-se directamente, pelo menos no que toca a Naphta, em desenvolvimentos políticos e

---

16 Basilius, Harold A., "Mann's Naphta-Settembrini and the battle of the books", *Modern Fiction Studies*, vol. 14, n.º 4 (1968-1969), pp. 415-421. A polémica à qual Basilius se refere é relatada nas *Cartas de Homens Obscuros* (*Epistolae obscurorum virorum*), compostas pelo humanista e reformador protestante Ulrich von Hutten, que Mann teve em consideração ao escrever tanto *A Montanha Mágica* como o *Doutor Fausto*.

ideológicos coevos. Mais especificamente, no surgimento, após a revolução bolchevique, de partidos comunistas-leninistas revolucionários, e na emergência de uma nova direita totalitária na Alemanha, muito diferente do conservadorismo tradicional do império guilhermino. [...] O facto de Naphta ser simultaneamente mais revolucionário e mais reaccionário do que Settembrini revela a sua função estrutural no romance; Naphta representa os dois extremos que cercam Settembrini, o centro moderado, de ambos os lados.[17]

É na oposição entre Settembrini e Naphta que a maioria dos críticos e estudiosos se centra. Rompendo este consenso tácito, Alexander Nehamas deu um contributo singular, destacando que Settembrini e Naphta não são apenas contraditórios entre si, mas também em si mesmos. Settembrini, o partidário da razão, defende a paz, mas isso não o impede de desejar o total aniquilamento da Áustria; condena o obscurantismo, mas alega que o corpo rebaixa a humanidade; despreza a mediocridade do sanatório, mas está sempre bem informado sobre os seus mexericos. Naphta não é menos contraditório: o louvor do misticismo, da iliteracia e da pobreza, fá-lo refastelado em poltronas de seda; desdenha da razão, mas é o mais exímio dialéctico, esgrimindo argumentos com rigor lógico e engenho retórico. Neste ensaio, o propósito último de Nehamas é mapear a influência de Nietzsche no romance. Ora, para a

17 Anthony Grenville, "'Linke Leute von rechts': Thomas Mann's Naphta and the Ideological Confluence of Radical Right and Radical Left in the Early Years of the Weimar Republic", in *Thomas Mann's* The Magic Mountain: *A Casebook*, ed. Hans Rudolf Vaget (Oxford: Oxford University Press, 2008), pp. 143 e 163.

O ESCÂNDALO DA DISTÂNCIA

compreender, seria crucial discernir o que leva Castorp a afastar-se de Settembrini e Naphta.

> Estruturalmente, as suas visões são idênticas. Ambos vêem o mundo como um campo de batalha de forças opostas e cada um deles se alia à força que afasta aquilo que considera baixo, material ou animal. Settembrini chama a essa força "razão", enquanto Naphta a designa por "fé", mas ambas esconjuram a mesma coisa. Nem um nem outro consegue aceitar a sua própria sensualidade, e ambos desenvolvem uma metafísica para se convencerem de que essa sensualidade não faz parte da sua natureza.[18]

Considere-se, por fim, o duelo entre os pedagogos. Settembrini, o primeiro a disparar, fá-lo deliberadamente para o ar. Naphta, acusando o italiano de cobardia, aponta à própria cabeça. Nisto, caem as últimas máscaras: de Settembrini, porque, abstraindo na prática dos escrúpulos que defende na teoria, aceita participar num duelo; de Naphta, porque, ao arrepio da sua tomada de partido pelo colectivo, é por mero orgulho — orgulho individualista e burguês — que comete suicídio. O afastamento de Castorp seria inevitável, confirmando, aliás, os seus pensamentos após a tempestade de neve:

> [S]ão ambos uns tagarelas. Um é concupiscente e malévolo e o outro passa a vida a tocar a cornetinha da razão, imaginando que é capaz de dar sensatez aos doidos, que falta

---

18 Alexander Nehamas, "Nietzsche in *The Magic Mountain*", in *Thomas Mann's "The Magic Mountain"*, ed. Harold Bloom (New York: Chelsea House, 1986), pp. 112-3.

de gosto. É filistinismo e simples ética, irreligiosa, isso é certo. Mas também não quero ficar do lado do pequeno Naphta, da sua religião, que não é senão um *guazzabuglio* de Deus e Demónio, bem e mal, próprio para fazer o indivíduo precipitar-se de cabeça, com vista à dissolução mística no geral. Os dois pedagogos! (577)

É comum, ainda no que toca à influência de Nietzsche, remeter para a personagem de Mynheer Peeperkorn. Surgindo já perto do final, Peeperkorn encarna a energia e a vontade de viver. A sua personalidade fascina Castorp, ao ponto de o fazer esquecer a paixão por Clavdia, pois é acompanhado por ela — após o seu regresso do Daguestão —, como seu amante, que Peeperkorn dá entrada no sanatório. No entanto, também este fascínio esmorece, e também Peeperkorn toma a própria vida, inconformado com a impotência que o aflige[19]. A haver influência de Nietzsche, e sendo ela palpável na caracterização de Castorp, a hipótese de Nehamas, segundo a qual tal influência reside na recusa de *todos* os mestres, permanece, sem dúvida, mais credível e mais fecunda.

Ainda assim, uma vez que, para Nehamas, a recusa dos mestres se vê acompanhada por uma entronização do "experimentalismo" de Castorp, esta interpretação tropeça a cada tirada irónica do narrador sobre o herói. Esta ironia persiste

---

19 Se Mann se inspirou em György Lukács para conceber Naphta, foi Gerhard Hauptmann, o autor do drama *Antes de o Sol Nascer* (1889), então uma figura cimeira das letras alemãs, também ele agraciado com o Prémio Nobel da Literatura em 1912, que serviu de modelo a Peeperkorn. Os dois escritores, Mann e Hauptmann, conviveram de forma particularmente intensa em 1923, num momento em que o romancista procurava um rumo para o sétimo capítulo d'*A Montanha Mágica*. Leia-se, a este respeito, Hans Rudolf Vaget, "The Making of *The Magic Mountain*", in *Thomas Mann's* The Magic Mountain: *A Casebook*, ed. Hans Rudolf Vaget (Oxford: Oxford University Press, 2008), pp. 23-27.

O ESCÂNDALO DA DISTÂNCIA

até ao fim. À entrada da última secção do último capítulo do romance — depois dos episódios do Carnaval, da neve, da cascata, do gramofone, do duelo —, o narrador interpreta a barbicha que Castorp deixou crescer como "prova de uma certa indiferença filosófica relativamente ao seu aspecto exterior" (822). Todavia, esta indiferença nasceria da reciprocidade entre "uma propensão pessoal para o desmazelo da sua pessoa" e "uma propensão análoga do mundo exterior relativamente a ele" (822). É que Castorp, esclarece o narrador, há bastante tempo se tornara, e por culpa própria, "um doente seguro e definitivo que há muito não teria já sabido para que outro sítio havia de ir, que já não era capaz de conceber minimamente a ideia de regresso à planície" (823).

Apesar do elogio velado que perpassa a descrição do distanciamento dos mestres, Castorp permanece imaturo. E esquecido... Esquece as intuições que teve sobre o tempo; esquece a máxima que o libertou da obsessão pela morte; esquece a paixão que sentiu por Clavdia Chauchat. Por fim, começa a guerra — a Primeira Guerra Mundial —, para a qual Castorp é convocado e em cujos campos desaparece da vista do narrador e da nossa.

*

Fala-se, a respeito d'*A Montanha Mágica*, não apenas de um "romance de formação", mas também de uma obra profundamente filosófica. Porquê? Resumida a acção do romance, podemos, sem dificuldade, responder a esta questão enunciando três motivos.

Em primeiro lugar, porque o romance está efectivamente repleto de reflexões e debates de teor filosófico — sobre o tempo, o amor, a morte. Em segundo lugar, porque o confronto de ideias, dramatizado nas suas implicações existenciais, se cristaliza na oposição entre Settembrini e Naphta. Em terceiro lugar, porque a disposição para o questionamento e para a problematização está enquadrada, no plano da narrativa, por uma experiência peculiar que a propicia: a subida à montanha.

É na montanha, graças à elevação no espaço e à demora no tempo, que Castorp tem a oportunidade para tais experiências e pensamentos. É na montanha, na qual a distância não é apenas espaciotemporal, mas também comportamental — assumindo a forma de uma propensão para a escuta, para a ponderação, para a neutralidade —, que o herói desenvolve uma atitude reflexiva. É na montanha que ele próprio se distancia dos mestres. Não é, porventura, um acaso que a mais célebre pintura de Caspar David Friedrich, "Um viandante sobre um mar de nevoeiro", figure, cobrindo o *cliché* popularucho com o verniz do emblema erudito, em mil e uma edições do romance de Mann por esse mundo fora.

Mas as coisas não são assim tão simples. E o romance é tudo menos um encómio ao pensador que se ergue, altivo e meditabundo, no cume de uma montanha. Como vimos, os malefícios do "modo de vida horizontal" — a cujo charme Castorp não parece nem capaz nem desejoso de resistir — tornam-se evidentes do princípio ao fim do romance. Nos primeiros dias, é o conforto das cadeiras de repouso, a maciez dos cobertores, o requinte da cozinha, a expectativa de um encontro com Clavdia. Nos últimos anos, é o puro e simples desperdício do tempo e da vida. Castorp cede ao quietismo, no que o narrador suspeita uma volúpia aparentada à própria simpatia pela morte.

Por mais que Mann, retrospectivamente, descreva o seu protagonista como um aventureiro do saber; por mais que alguns estudiosos, apoiando-se nessa descrição, insistam na categoria do romance de formação; por mais que outros comentadores, desviando-se da convenção, sublinhem o experimentalismo ou a auto-superação de Castorp — o romance permanece ambivalente em relação ao valor da experiência distanciada do herói. É essa ambivalência que me interessa explorar, sendo nela que reside o teor filosófico d'*A Montanha Mágica*.

Dir-se-ia — lembrando Derrida e Platão — que a distância, simbolizada pela montanha, constitui uma espécie de *pharmakon*. Sobre o seu efeito, poder-se-ia perguntar se *cura* o pensamento, libertando-o dos constrangimentos e das preocupações da planície, ou se o *envenena* com o vírus da indiferença. Esta foi também, com implicações históricas e políticas de monta, a pergunta de Mann.

Ao afirmá-lo, não pretendo desviar a atenção da *obra* para o *autor*, elegendo as inquietações deste como chave de interpretação daquela. Sublinho, muito simplesmente, que tanto a *personagem* quanto o *escritor* são centrais neste livro. Num certo sentido, Thomas Mann é o Hans Castorp d'*O Escândalo da Distância*.

É, pois, no seu caso — em algumas etapas do seu percurso pessoal e intelectual, nas posições que adoptou, nas dúvidas que o assombraram, nos arrependimentos que sentiu — que mergulharei no capítulo seguinte.

2
O CASO MANN

Numa carta dirigida a Gershom Scholem a 6 de Abril de 1925, Walter Benjamin manifestou assim o seu entusiasmo após a leitura d'*A Montanha Mágica*:

> Nem sei por onde começar a contar-te que este homem, que odiei como poucos outros escritores, se me tornou essencialmente muito próximo devido ao último romance que escreveu, e que tive a oportunidade de ler, *A Montanha Mágica*. O que é inequivocamente característico deste romance é algo que sempre me comoveu e continua a comover-me; falou-me de uma maneira que consigo reconhecer e avaliar minuciosamente [...]. Embora tais análises tenham pouco encanto, só posso imaginar que uma mudança íntima se deu no autor enquanto escrevia. Na verdade, estou certo de que foi isso que aconteceu.[1]

Bastara a Benjamin acompanhar o percurso e a obra de Mann ao longo dos anos anteriores para intuir, ao ler o romance, a mutação por ele sofrida. É esta mutação, na medida em que deixou cicatrizes no romance, que pretendo elucidar. Fá-lo-ei, contudo, não sem destacar o período de gestação d'*A Montanha Mágica*, entre 1912 e 1924, no contexto de um breve excurso biográfico[2].

Nascido em Lübeck em 1875, Paul Thomas Mann cresceu numa família burguesa, cujo declínio se acha reflectido,

---

1 Carta a Gershom Scholem, 6 de Abril de 1925. Walter Benjamin, *The Correspondence of Walter Benjamin, 1910-1940*, trad. Manfred R. Jakobson e Evelyn M. Jacobson, ed. Gershom Scholem e Theodor W. Adorno (Chicago & London: The University of Chicago Press, 1994), p. 265.

2 Em clave biográfica, recomendo a leitura de Hermann Kurzke, *Thomas Mann: Life as a Work of Art — A Biography* [título original: *Thomas Mann: Das Leben als Kunstwerk*, 1999], trad. Leslie Willson (Princeton & Oxford: Princeton University Press, 2002).

mutatis mutandis, no seu primeiro grande romance, *Os Bud-denbrook*, publicado em 1901, quando o escritor tinha apenas 26 anos. O pai, Thomas Johann Heinrich Mann, senador e empresário, dedicou-se ao comércio de cereais, tendo casado com Júlia da Silva Bruhns, uma brasileira de ascendência luso-indígena, em 1869[3]. Após a morte do pai, da qual resultou a liquidação da empresa familiar, em 1891, a mãe e os filhos — Heinrich, Thomas, Julia, Carla e Viktor — mudaram-se para Munique. Durante as décadas seguintes, com o interregno de um ano, entre 1895 e 1896, passado por Thomas e Heinrich na Palestrina, em Itália, Thomas residiu em Munique, dedicando-se com entusiasmo crescente à prosa ficcional e ensaística. Desde cedo, a escrita foi o elo de ligação entre os dois irmãos. Mas também pretexto para rivalidade. Sobretudo na óptica de Thomas, para quem a compreensão e a aprovação de Heinrich, que de algum modo se tornou para ele uma figura paterna, contavam muito[4].

Em 1905, Thomas Mann casa com Katia Pringsheim, de uma família judia secular, com quem viria a ter seis filhos: Erika (1905-1969), Klaus (1906-1949), Golo (1909--1994), Monika (1910-1992), Elisabeth (1918-2002) e Michael (1919-1977). O seu enamoramento, que encontra expressão no romance *Sua Alteza Real* (1909), deu lugar a um relacionamento estável, marcado pela cumplicidade e pelo companheirismo, que se prolongou até à morte do escritor,

---

3   A origem germano-brasileira de Mann e o impacto que o reconhecimento dessa identidade mestiça teve na consciência e na obra do escritor foram debatidos por Richard Miskolci, *Thomas Mann, o Artista Mestiço* (São Paulo: Annablume, 2003).

4   Sobre a relação entre Thomas Mann e Heinrich Mann, leia-se Helmut Koopmann, *Thomas Mann — Heinrich Mann. Die ungleichen Brüder* (München: C. H. Beck, 2005); no que toca à presença de Heinrich Mann n'*A Montanha Mágica*, leia-se o capítulo "Wo steckt denn Heinrich im *Zauberberg*?", pp. 314-328.

cinquenta anos mais tarde. Sem prejuízo disto, mas desaconselhando simplificações, recorde-se a sensibilidade homoerótica do escritor. No diário, que só veio a lume vinte anos após a sua morte, torna-se óbvio o que já nos romances e nas novelas — pense-se no fascínio de Aschenbach por Tadzio n'*A Morte em Veneza* ou na identificação entre Clavdia e Hippe n'*A Montanha Mágica* — se manifestava de forma mais ou menos ostensiva: a atracção pelo sexo masculino[5].

Uma década volvida após a publicação d'*Os Buddenbrook*, Mann atravessa uma crise existencial e criativa. Embora seja por esta altura, na esteira da já referida estada

---

5   Sobre a importância de questões de género e sexualidade, em particular da homossexualidade, na obra de Thomas Mann, leia-se Andrew M. Anderson, "Mann's Man's World: Gender and Sexuality", in *The Cambridge Companion to Thomas Mann*, ed. Ritchie Robertson (Cambridge: Cambridge University Press, 2004), pp. 64-83.

num sanatório suíço, que Mann inicia a escrita do que viria a ser *A Montanha Mágica*, que concebe inicialmente como uma novela — uma espécie de contraponto satírico d'*A Morte em Veneza*[6] —, o desânimo prevalece. Em carta ao irmão, datada de 8 de Novembro de 1913, Mann confessa-se desorientado "nos planos intelectual e político", expressa uma "simpatia crescente pela morte" e manifesta-se descrente na relevância do seu trabalho, caracterizando, por exemplo, *Os Buddenbrook*, como "um livro burguês" que "já nada importa para o século xx"[7].

É neste estado de espírito, entre o desnorte e a desmotivação, que as notícias da eclosão da guerra surpreendem Mann. Ora, o escritor acolhe-as com um entusiasmo que, embora difícil de entender hoje — Hermann Kurzke caracterizou-o como "um dos maiores enigmas"[8] que alguma vez um biógrafo terá de enfrentar —, não só não foi incomum na época, como, apreciado no seu impacto existencial, teve o mérito de arrancar o escritor ao torpor em que este sentia a sua vida mergulhada. Assim se compreende que, a 7 de Agosto de 1914, três dias após a mútua declaração de guerra entre a Grã-Bretanha e a Alemanha, Thomas Mann tenha confessado ao irmão sentir-se "como se sonhasse", perguntando em seguida, com ênfase retórica: "Não deveríamos estar gratos pela oportunidade completamente inesperada de experienciar coisas tão

---

6   As duas novelas relatariam fugas, alucinadas e letais, às convenções da vida burguesa, embora empreendidas em circunstâncias muito diversas por personagens muito distintas — num caso, um escritor fechado sobre si mesmo, refém das suas ideias e frustrações; noutro caso, um jovem comum, simples e curioso, aberto a todo o tipo de vivências.

7   Carta a Heinrich Mann, 8 de Novembro de 1913. Thomas Mann, *Briefe I: 1889-1913, GKFA*, vol. 21, ed. Thomas Sprecher, Hans R. Vaget e Cornelia Bernini (Frankfurt am Main: S. Fischer, 2002), p. 815.

8   Hermann Kurzke, *Thomas Mann: Life as a Work of Art*, p. 217.

poderosas? O meu principal sentimento é de tremenda curiosidade — e, devo admitir, a mais profunda simpatia pela exe-
crada, indecifrável, predestinada Alemanha."[9] Thomas Mann
não guardou para si e para os seus estes pensamentos. E logo
deu à estampa, a 11 de Novembro de 1914, "Pensamentos em
Tempos de Guerra", desenvolvendo passagens como esta:

> Não tínhamos acreditado na possibilidade da guerra,
> a nossa compreensão política não tinha bastado para reco-
> nhecer a necessidade de uma catástrofe europeia. Con-
> tudo, como seres morais, sim, nessa qualidade tínhamos
> visto a calamidade chegar, mais ainda: de certo modo
> ansiávamos por ela; sentíramos no mais fundo do coração
> que o mundo, o nosso mundo, não podia continuar assim.
>
> É que o conhecíamos bem, a esse mundo da paz e da civili-
> dade do tipo cancã. [...] Não o víamos a fermentar e a empes-
> tar o ar dos materiais em decomposição da civilização?[10]

É também neste texto que Mann se detém na distinção
entre "cultura" e "civilização". A bem dizer, é com base nela
que organiza as suas ideias. Embora comumente asso-
ciadas, cultura e civilização distinguir-se-iam de forma
crucial. A primeira traduziria o carácter de um povo, no
que este tem de mais singular, manifestando-se em formas de vida, ideias e costumes, que, podendo ser contrários

9   Carta a Heinrich Mann, 7 de Agosto de 1914. In Thomas Mann, *Briefe II: 1914-1923, GKFA*,
vol. 22, ed. Thomas Sprecher, Hans R. Vaget e Cornelia Bernini (Frankfurt am Main: Fischer,
2004), p. 24.
10   Thomas Mann, "Pensamentos em Tempos de Guerra" ["Gedanken im Kriege"], *Um
Percurso Político: Da Primeira Guerra Mundial ao Exílio Americano*, trad. Teresa Seruya (Lisboa:
Bertrand, 2016), pp. 39-40.

à racionalidade, e envolver magia, oráculos, sacrifícios, expressam uma certa "organização intelectual-espiritual do mundo". A civilização, em contrapartida, representaria os valores universais da racionalidade, do cepticismo filosófico, da moderação ética e, em clave política, da democracia *à la française*. É, pois, no contexto de uma apologia da cultura em geral — e da cultura germânica em particular — que Mann acolhe a guerra.

Mas o escritor vai mais longe, pois não se limita a tomar partido no debate sobre o conflito armado, dedicando boa parte do seu ensaio a considerações sobre a presunção da França e a hipocrisia da Grã-Bretanha — nações que, segundo ele, nada compreenderiam da cultura e da moral alemãs —, e engata a tais considerações de teor político-ideológico uma reflexão sobre a afinidade entre a arte e a guerra. Não é por razões políticas — ainda que as houvesse, várias e justificadas — que os artistas teriam cantado a guerra. Não. Tê-lo-iam feito, afirma, em virtude de uma "necessidade moral".

> Guerra! Purificação, libertação, era o que sentíamos, e uma esperança imensa. Só disto falavam os poetas, só disto. O que é para eles o império, a hegemonia comercial ou mesmo a vitória? As nossas vitórias, as vitórias da Alemanha — por muito que nos encham os olhos de lágrimas e, de tanta felicidade, não nos deixem dormir de noite, não eram elas que os poetas cantavam, pois ainda não aconteceram. O que entusiasmou os poetas foi a guerra em si, como visitação, como necessidade moral.[11]

11   *Ibid.*, p. 41 (tradução alterada).

Heinrich Mann, em contrapartida, para quem o irmão mais novo "sentia a guerra esteticamente", assume a posição contrária, nos antípodas de qualquer romantização. Num ensaio intitulado "Zola", publicado em Novembro de 1915, onde compara os conservadores favoráveis às aspirações territoriais e avanços militares da Alemanha com os opositores de Dreyfus, Heinrich critica abertamente a postura militarista alemã e expressa o desejo de uma derrota do(s) império(s) a bem de uma Europa democrática. Numa passagem de maior acutilância, que Thomas interpretou como uma reacção ao seu artigo e um ataque pessoal, Heinrich compara os apologistas da guerra a "parasitas", caracterizando-os como elementos de um "rebanho" condenado ao desaparecimento[12].

Sentindo-se traído, Thomas corta relações com o irmão. E, ao longo dos anos seguintes, dedica-se a um conjunto de ensaios, as famigeradas *Reflexões de um Apolítico*, publicados já perto do final da guerra, em 1918, nos quais esclarece o seu ponto de vista. Ali, insistindo e aprofundando ideias gizadas em "Pensamentos em Tempos de Guerra", louva as virtudes regenerativas do conflito bélico, apresenta-se favorável à causa alemã, zomba dos valores humanistas e defende a autenticidade da "cultura" contra o desenraizamento da "civilização" — não tendo pejo em acrescentar que a expressão "povo alemão" (*"Deutsches Volk"*) soa mais elevada, mais pura, mais sagrada do que as suas congéneres inglesa e francesa.

Domínio do povo... A frase tem o seu terror. Mas convenhamos que soa bem menos terrível em alemão. Não é

---

12   Heinrich Mann, "Zola", *Essays* (Berlin: Claassen, 1960), pp. 154-162.

mero preconceito patriótico quando se imagina e percebe na estranhamente orgânica, desenvolta e poética combinação de palavras, "povo alemão" ["*Deutsches Volk*"], algo não apenas nacional, mas também essencialmente diferente, melhor, mais elevado, mais puro, sim, mais sagrado do que nas expressões "povo inglês" ou "povo francês". Povo [*Volk*] é um som verdadeiramente sagrado.[13]

Após a guerra, a paisagem social e económica alemã deteriora-se rapidamente. Humilhada pelo Tratado de Versalhes, empobrecida pela inflação, dividida ideologicamente, a Alemanha mergulha no caos. O espectro político já não se divide entre conservadores e liberais. Tanto à direita quanto à esquerda surgem movimentos radicais com o fito de derrubar a República de Weimar. Neste contexto, não é sem perplexidade que Mann verifica que os seus textos, pejados de ideias nacionalistas, são admirados por figuras que despreza. Em 1922, na esteira do assassinato de Walther Rathenau, ministro dos Negócios Estrangeiros judeu, a 24 de Junho, Mann faz o discurso "Sobre a República Alemã", onde declara o seu apoio ao regime de Weimar e procura mobilizar a paixão dos seus compatriotas mais jovens numa direcção contrária à das forças reaccionárias. Fala agora, tecendo analogias entre Novalis e Whitman, em nome de um humanismo simultaneamente germânico e internacional.

No estado de emergência em que nos encontramos, mesmo o mais inveterado romântico se tornaria um adepto do

---

13 Thomas Mann, *Betrachtungen eines Unpolitischen* (Frankfurt am Main: S. Fischer, 2009), pp. 399-400.

iluminismo político, que mais não fosse para defender o romantismo contra aqueles que desavergonhadamente se reclamam dele. Quando o obscurantismo sentimental se organiza em terror organizado e profana o país com assassinatos repugnantes e tresloucados, é impossível negar que chegámos a esse estado de emergência [...].

O meu propósito, revelo-o aqui com franqueza, é ganhar-vos, na medida em que tal é necessário, para a república e para aquilo que é chamado democracia e que eu chamo humanidade. [...]

[A] minha palestra de hoje foi na verdade delineada como um discurso sobre este curioso par, Novalis e Whitman; ora, vendo bem, talvez ainda possa sê-lo, pois relacionar a democracia e a república com o romantismo alemão — não quererá também dizer torná-las plausíveis aos olhos dos meus desconcertados e obstinados compatriotas?[14]

Nos anos seguintes, antes e depois de receber o Prémio Nobel da Literatura em 1929, Mann mantém-se próximo dos valores republicanos e dos ideais democráticos. Após as eleições de 1930, que conheceram uma votação particularmente elevada nos nacional-socialistas, o escritor torna a intervir publicamente, com um discurso intitulado "Um Apelo à Razão", onde denuncia o fanatismo reaccionário do nazismo. Três anos depois, quando Hitler chega ao poder, Mann encontra-se fora

14 Thomas Mann, "Sobre a República Alemã" [*Von deutscher Republik*], *Um Percurso Político*, pp. 73-74 e 89 (tradução alterada). Publicado originalmente com o título "Thomas Mann para a República Alemã", num número especial de *Die neue Rundschau* (vol. 33, n.º 11) em homenagem a Gerhart Hauptmann, por ocasião do seu sexagésimo aniversário, o ensaio fora apresentado em forma de palestra, no auditório Beethoven em Berlim, a 13 de Outubro de 1922 — daí as referências no texto às pateadas com as quais o público recebeu partes do discurso de Mann.

da Alemanha. Aconselhado pelos filhos, não regressa a Munique. Após uma breve passagem pela França, o escritor exila-se com a mulher na Suíça. Em 1938, pouco antes do início da Segunda Guerra Mundial, ruma aos Estados Unidos da América, onde residirá — primeiro em Princeton, depois em Los Angeles — ao longo de mais de uma década.

Nesses anos de exílio norte-americano, torna-se o paradigma do "bom alemão", multiplicando-se em declarações sobre a guerra — nomeadamente em transmissões frequentes pela BBC —, nas quais condena veementemente a política do Terceiro Reich[15]. E escreve, já depois de terminar

---

15   Sobre a postura cívica e o comprometimento político do escritor ao longo da Segunda Guerra Mundial, leia-se Tobias Boes, *Mann's War: Literature, Politics, and the World Republic of Letters* (Ithaca & London: Cornell University Press, 2019).

José e os Seus Irmãos — que o ocupou entre 1926 e 1943 —, *Doutor Fausto*. Publicado em 1947, este último romance, que narra a história de Adrian Leverkühn, um compositor cuja capacidade de criação assombrosa se deve a um pacto com o demónio — uma elaborada metáfora, com propósito autocrítico, da cultura alemã —, foi recebido com notória frieza pelos leitores, que consideraram a obra impenetrável, e com franca indiferença por parte dos críticos, que nela não encontraram nada de inovador.

A hospitalidade norte-americana tinha os dias contados. E por razões que nada tiveram que ver com o menor êxito dos seus livros mais tardios. Com a emergência do macarthismo, a vaga de paranóia e crispação ideológicas que caracterizou esses anos do pós-guerra cedo se fizeram sentir na vida do escritor, sobre quem pesou a suspeita de ser comunista. Em 1952, retorna à Europa, fixando-se em Zurique, de onde visitou várias vezes a Alemanha, até à sua morte em 1955.

*

Voltemos ao romance que aqui nos ocupa. Sabemos que Mann imaginou *A Montanha Mágica* como um contraponto satírico d'*A Morte em Veneza*; sabemos que projectou em Castorp algumas das suas experiências, inclinações, memórias; sabemos que se inspirou em si e no seu irmão ao conceber o par de Settembrini e Bunge (mais tarde substituído por Naphta); sabemos que incluiu traços de György Lukács e Gerhart Hauptmann na caracterização, respectivamente, de Naphta e Peerperkorn. E talvez soubéssemos mais se o escritor, em 1946, não tivesse destruído os seus diários anteriores a 1933 (com excepção dos volumes correspondentes ao período entre 11 de Setembro de 1918 e 1 de Dezembro de 1921)[16]. Com base nesses volumes do diário e em cartas da mesma época, sabemos também que o escritor interrompeu a redacção do romance durante boa parte da Primeira Guerra Mundial, mais precisamente entre Outubro de 1915 e Abril de 1919[17].

16 A razão pela qual estes volumes foram poupados prende-se com o facto de conterem materiais úteis para a redacção de *Doutor Fausto*, que ocupava o escritor nessa época. Sobre os diários de Thomas Mann, consulte-se T. J. Reed, "Mann as Diarist", in *The Cambridge Companion to Thomas Mann*, ed. Ritchie Robertson (Cambridge: Cambridge University Press, 2004), pp. 226-234.

17 Houve, naturalmente, breves interrupções durante os períodos entre 1913 e 1915 e entre 1919 e 1924. No entanto, a maior e mais significativa — significativa porque motivada por razões que não foram simplesmente práticas — ocorreu indubitavelmente entre 1915 e 1919. Para uma análise circunstanciada da gestação da obra, recomendo a leitura de Hans Rudolf Vaget, "The Making of *The Magic Mountain*", pp. 13-30. Consulte-se, também, Michael Beddow, "*The Magic Mountain*", in *The Cambridge Companion to Thomas Mann*, pp. 137-150.

Portanto, sabemos também que a gestação do romance aconteceu em três grandes fases: uma fase inicial de três anos, entre 1912 e 1915, quando Mann tem a ideia de uma novela, redige os primeiros capítulos e é tomado de surpresa pelo início da guerra; uma fase intermédia de quatro anos, entre 1915 e 1919, durante a qual põe o romance de lado (o que não quer dizer que tenha deixado de pensar nele) para redigir as *Reflexões de um Apolítico*; e um período final, entre 1919 e 1924, quando, no rescaldo da guerra, diante das bruscas mudanças na Alemanha, retoma, prossegue e termina a obra, cujo plano — se não na letra do enredo, no espírito das suas implicações — sofre subtis, mas significativas mudanças.

Entre estas mudanças, destaque-se que Mann acrescenta a "Proposição" com a qual o livro começa (sobre o facto de a história de Castorp ser uma história de outro tempo, de um passado remoto, anterior à grande guerra); desloca o capítulo de Hamburgo, ampliado por uma descrição mais circunstanciada da relação com o avô, para o segundo capítulo (até então, as páginas sobre a infância e juventude de Castorp constituíam o primeiro capítulo da obra); revê a caracterização de Settembrini (a ênfase já não é tanto na loquacidade vaidosa quanto no humanismo obstinado) e substitui o pastor Bunge pelo jesuíta Naphta (onde convergem a extrema-direita e a extrema-esquerda). No que toca aos capítulos derradeiros, o escritor opera por adição. A recta final deveria alongar-se de forma ostensiva a fim de reflectir a deterioração do sentido do tempo do protagonista (só relativamente tarde, por exemplo, concebe Mann a personagem de Peeperkorn, cuja aparição lhe permite alargar consideravelmente o sétimo e último capítulo). Por tudo isto, os planos de publicação, que, na fase do pós-guerra, começaram logo em 1921, são sucessivamente adiados.

Se, há pouco, recordei os revezes do posicionamento ideológico de Mann, não escondendo o caldo de conservadorismo, nacionalismo e militarismo em que os seus pensamentos e escritos estiveram embebidos durante os primeiros anos da gestação d'*A Montanha Mágica*, não foi com o intuito de promover um ajuste de contas ideológico com o escritor, acusá-lo de falta de coerência ou desvalorizar a sua oposição ao nazismo um par de décadas mais tarde. Na verdade, o contrário faria mais sentido. Que Mann, um escritor que tão abertamente se declarava conservador, que tão claramente abraçara a causa alemã durante a Primeira Guerra Mundial, que tão rapidamente reconheceu Versalhes como uma humilhação, que esse mesmo escritor, aquando da ascensão do nazismo, não tenha hesitado em demarcar-se do regime — ao contrário de Gerhart Hauptmann, ao contrário de Ernst Jünger — é especialmente significativo. Como escreve Michael Beddow:

> Quando os mais respeitáveis funcionários, académicos e advogados, que tinham ignorado, tolerado ou mesmo promovido a subida de Hitler ao poder, alegaram ter sido cruelmente enganados, sendo supostamente incapazes de perceber o verdadeiro carácter e as verdadeiras intenções do *Führer* até ser tarde demais, a biografia de Mann é um testemunho de que, deliberadamente ou não, muitos deles não estão a ser completamente honestos.[18]

---

18   Michael Beddow, "The Magic Mountain", p. 139.

JOÃO PEDRO CACHOPO

Se, então, acentuei a mudança de Mann ao longo daquele período, procurando não pecar nem por omissão nem por exagero, fi-lo sobretudo a fim de chamar a atenção para aquele que foi o pano de fundo existencial da escrita do romance entre 1912 e 1924. De certa forma, *A Montanha Mágica* teve mais do que um autor. O escritor-pensador d'"Os Pensamentos em Tempos de Guerra" (1914) não é o escritor-pensador de "Sobre a República Alemã" (1922). E nenhum destes é o escritor-pensador que, em 1939, lançará um olhar retrospectivo sobre o romance.

Mann, todavia, entendeu as coisas de outra forma. Na introdução a "Sobre a República Alemã" (1922), afirma que, se os seus pensamentos mudaram, ele não mudou, nem a sua "compreensão" das coisas.

> Não vejo nenhuma mudança na minha compreensão. Talvez os meus pensamentos tenham mudado — mas não a minha compreensão. Embora tal possa soar sofístico, os pensamentos são sempre apenas meios em direcção a um fim, ferramentas ao serviço da compreensão: e especialmente para o artista é bem mais fácil permitir-se pensar e falar diferentemente em momentos diferentes. [...] Assim, se o autor destas páginas de algum modo apresenta pensamentos que diferem dos que se encontram nas *Reflexões de um Apolítico*, tal significa simplesmente que há contradição entre pensamentos, não do autor consigo mesmo.[19]

19   Thomas Mann, "Von deutscher Republik: Vorwort", in *Von Deutscher Republik, Gesammelte Werke in Einzelbänden*, ed. Peter de Mendelssohn (Frankfurt am Main: S. Fischer, 1984), p. 116.

Concedemos de bom grado que a coerência não é virtude que se apresente quando urge a lucidez. *Eppur, si muove.* E muda... Quer dizer, é um autor mudado e mutante — sim, dividido entre os seus pensamentos, mas, além disso, um autor que atravessa, como escreveu Benjamin, uma "mudança íntima" — aquele que escreveu, entre 1912 e 1924, *A Montanha Mágica*. De facto, e se o afirmo não é como quem aponta uma falha mas como quem reconhece uma força, uma capacidade de mudar, uma disposição inquieta; torna-se evidente que uma profunda hesitação se acha incrustada naquelas páginas.

Hesitação sobre o quê? Sim, sobre a natureza da cultura alemã e o seu lugar na civilização ocidental. Mas também, de um modo bem mais pertinente e ainda actual, sobre o papel do escritor, do pensador e do intelectual na sociedade do seu tempo. Não deveria ele, abdicando do conforto e da segurança tipicamente burguesas, abandonar a sua torre de marfim e descer à planície? Mas o que significa ao certo, no plano da realidade, a planície? Voltarei a esta questão no último capítulo. No plano da ficção, entretanto, não há dúvida de que esta hesitação concerne a montanha e o sanatório, e que atinge também — e atinge em cheio — o protagonista. O mínimo que se pode dizer é que Thomas Mann não olhou para o seu protagonista da mesma forma ao longo do tempo. É possível reconhecer duas atitudes diversas marcadas por dois sentimentos contrastantes nos períodos inicial e final da composição.

No início da guerra (por volta de 1914), *Mann exaspera-se.* Exaspera-se com a montanha, com o sanatório e com Castorp: com a sua passividade, com a sua hesitação, com a sua indecisão mascarada de prudência. Por mais que tenha investido muito de si no protagonista — ou talvez também por isso —, Mann impacienta-se. De certa forma, não foi apenas para escrever as *Reflexões de um Apolítico*, mas também para não escrever — para adiar escrever — *A Montanha Mágica* que o escritor pôs o manuscrito de lado. Em 1915, com efeito, Mann sente que deve escrever, pensar e agir de outra maneira, como um artista-soldado. Embora se reconheça "apolítico" — um defensor da vocação poética, reflexiva e musical da cultura alemã —, o escritor recusa uma postura estritamente estética.

No fim da guerra (de 1919 em adiante), *Mann arrepende-se*. A guerra não é necessariamente o que os poetas e os filósofos imaginam. E é o absurdo da guerra — das suas atrocidades, da morte indiscriminada, da destruição em massa, optimizada pelo desenvolvimento tecnológico — que devolve o olhar ao escritor nos anos que se seguiram à derrota alemã. A tudo isto, junta-se o prenúncio de uma catástrofe ainda maior, cujas sementes Mann cedo reconheceu na sede de vingança que crescia no dia-a-dia do pós-guerra alemão. Mann, portanto, arrepende-se: do que escreveu, do que pensou e, porventura, do que sentiu. São disso marcos, no plano intelectual, as conferências de 1922 a 1939 e, no plano pessoal, a reconciliação com o irmão. E ainda, porventura, o desabafo com que o narrador comenta os últimos passos de Castorp, quando este parece ter sido atingido por um obus: "Oh, vergonha da nossa segurança de espectros! [*"O Scham unserer Schattensicherheit!"*] Vamos embora! Não vamos narrar isto!" (833)

No decurso desta metamorfose — entre o exaspero e o arrependimento, entre a coragem fanfarrona e a vergonha contrita, entre o delírio febril da glória e o pesadelo ressacado de culpa — ocorre, também, uma reaproximação entre o autor e o protagonista. Sem apagar os traços de ironia que pontuam a caracterização da vida no sanatório, o valor da experiência de Castorp na montanha adquire um outro estatuto, sobretudo quando a alternativa à demora de Castorp na montanha é o ingresso desejado por Joachim no exército.

Castorp não deixa de ser o contraponto singelo de Aschenbach, nem o aprendiz indeciso de Settembrini e Naphta, nem o admirador embasbacado de Peeperkorn, mas revela-se, na sua singeleza, indecisão e embasbacamento, uma outra coisa, algo que importa louvar: um ingénuo que se interroga. É esta ideia que Mann sublinha quinze anos mais tarde, quando, comentando um estudo recente sobre o romance, aceita a caracterização de Castorp como um *"quester"*.

> O autor [Howard Nemerov] situa *A Montanha Mágica* e o seu singelo herói no seio de uma grande tradição — não apenas alemã, mas mundial; subsume-o num tipo de obra poética a que chama "The Quester Legend", a qual remonta há muito na literatura dos povos. A sua manifestação alemã mais célebre é o *Fausto* de Goethe. Mas por trás de *Fausto*, o buscador eterno [*ewige Sucher*], está o conjunto de obras poéticas que exibem o nome genérico de romances do Graal Sagrado. O seu herói, seja ele Gawain, Galahad ou Parsifal, é justamente o *quester*, aquele que busca, aquele que questiona [*der Quester, der Suchende, der Fragende*] [...]. Um tal herói-*quester* [...] é também Hans Castorp.[20]

Mas isto, que o escritor apresenta aqui, de forma retrospectiva, como se fosse uma evidência, foi vivido por Mann,

---

20 Thomas Mann, "Einführung in den 'Zauberberg'", pp. 79-80.

na recta final da composição do romance, como um dilema. O autor, que se havia exasperado com Castorp, arrepende-se de lhe ter censurado a atitude questionadora e contemplativa, como se esta mais não fosse do que um subterfúgio para a indiferença e a cobardia. Ao mesmo tempo, o sanatório permanece um lugar problemático, onde a juventude desperdiça o tempo e a vida. O facto de Mann rejeitar agora a bitola pela qual a hesitação de Castorp lhe parecera condenável não significa que o exaspero contra o sanatório não fosse justificável, não apenas por razões éticas, psicológicas e fisiológicas, mas também por motivos políticos.

Como resolver este dilema? Como abandonar a retórica voluntarista, militante ou belicista, assente na convicção de que as *acções* da planície valem sempre mais do que as *ideias* da montanha, sem passar um cheque em branco ao "modo de vida horizontal" no sanatório? Para responder a esta questão, para explicar como Mann resolve este dilema no romance, arriscarei um paralelo entre Thomas Mann e Richard Wagner — o qual, como veremos, nos conduzirá à influência de Nietzsche e a esse lugar obrigatório da exegese d'*A Montanha Mágica* que é o episódio da "Neve".

3
DESVIO WAGNERIANO

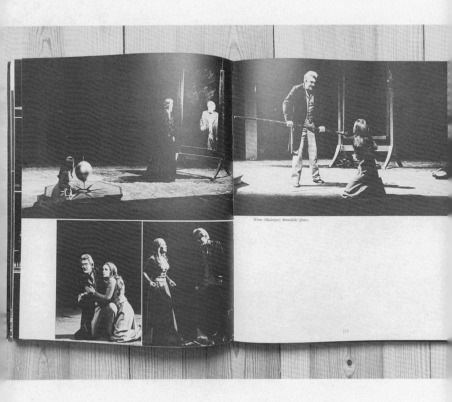

Wotan (MacIntyre), Brunnhilde (Jones).

O ESCÂNDALO DA DISTÂNCIA

Desvios ao lugar comum podem causar equívocos, dissabores, desilusões. Neste livro, por exemplo, o leitor literato e melómano, que tenha lido Thomas Mann e ouvido Richard Wagner, e que, por esse motivo, se precipite para estas páginas, na expectativa de nelas encontrar as costumeiras considerações que a evocação conjunta destes dois vultos da cultura germânica suscita, e não encontre, nem de perto nem de longe, aquilo de que está à espera, poderá sentir-se defraudado. Fica avisado e não tem de continuar. Mas está convidado. Estendo-lhe mesmo a mão — pois o que sabe e experienciou ser-lhe-á útil —, limitando-me a confessar que não é sobre o fascínio do escritor pelo compositor que aqui escreverei. Nem sobre a dimensão musical d'*A Montanha Mágica* — deste último tema, no entanto, tratarei no capítulo seguinte. É por outra via — uma via tanto quanto sei inexplorada — que, neste desvio wagneriano, ensaio um paralelo entre Mann e Wagner.

Tal como Mann, também Wagner — é por esta constatação aparentemente anódina que começa este desvio — interrompeu a composição de um projecto de monta durante um período significativo. Refiro-me, desta feita, à tetralogia d'*O Anel do Nibelungo*. De novo, como no caso d'*A Montanha Mágica*, podemos considerar três fases: entre 1848 e 1857, Wagner escreveu o poema do ciclo e compôs a música d'*O Ouro do Reno*, d'*A Valquíria* e dos primeiros dois actos de *Siegfried*; entre 1857 e 1869, suspendendo estes trabalhos, dedicou-se à composição de duas óperas sem relação com a tetralogia, designadamente, *Tristão e Isolda* (1859) e *Os Mestres Cantores de Nuremberga* (1867); finalmente, entre 1869 e 1874, termina o Acto III de *Siegfried* e empreende a composição d'*O Crepúsculo dos Deuses*[1]. Além disso, tal como Mann, também Wagner interrompeu este projecto num momento de crise, marcada por uma profunda indecisão intelectual, existencial e ideológica, que — mais um paralelo — se cristalizou numa hesitação sobre o valor simbólico do seu herói: Siegfried.

À primeira vista, Castorp e Siegfried têm muito pouco em comum. Quase se opõem, representantes que são, respectivamente, de um pensamento que sempre adia a acção (Castorp) e de uma acção que nunca espera pelo pensamento (Siegfried). De facto, o herói wagneriano, ao contrário do jovem hamburguês, é impulsivo, destemido e abrutalhado. Ora, tal como Castorp, também Siegfried sobe a uma montanha... A cena dá-se no Acto III da terceira ópera do ciclo. É nessa subida à montanha que o herói (Siegfried) se cruza com o deus (Wotan). O primeiro, curiosamente, leva a melhor sobre o segundo. Estamos sensivelmente a meio da tetralogia. E este é um momento decisivo. É nesta cena que, pela primeira e última vez, se encontram as duas personagens-emblema de duas possíveis interpretações da tetralogia — duas interpretações entre as quais o próprio Wagner hesitou.

Como se sabe, mas vale a pena recordar, *O Anel do Nibelungo* foi inicialmente concebido sob a influência da filosofia de Feuerbach. Era um drama a pensar no futuro, num futuro melhor, para além da hipocrisia, da mesquinhez e do egoísmo da sociedade burguesa oitocentista. Como escreveu Bernard Shaw:

---

1   Ao leitor que deseje inteirar-se dos pormenores da gestação, do enredo e da música da tetralogia, sugiro a leitura de Deryck Cooke, *I Saw the World End: A Study of Wagner's* Ring (London: Oxford University Press, 2002).

O Anel, com todos os seus deuses, gigantes e anões, as suas sereias e valquírias, o seu elmo e o seu anel mágicos, espada encantada e tesouro miraculoso, é um drama de hoje, e não de uma antiguidade remota e fabulosa. [...] E Siegfried [...] um herói amoral, um anarquista nato, o ideal de Bakunin, uma antecipação do sobre-humano de Nietzsche.[2]

No embalo destas palavras, recordemos que Wagner foi, à sua maneira sempre singular e amiúde contraditória, um revolucionário. Foi-o, desde logo, no campo artístico. Nos seus dramas musicais, abandonou as convenções da ópera tradicional dividida em números e recitativos; pôs em prática a técnica dos "motivos condutores" (*Leitmotive*); promoveu a convergência entre música, drama e encenação. Graças ao mecenato de Luís II da Baviera, a sua visão artística concretizou-se em Bayreuth, com a edificação de um teatro concebido à medida dos seus ideais. Foi aí, no palco do *Festspielhaus*, diante de uma sala obscurecida, despojada de camarotes, de onde o fosso da orquestra deixara de ser visível — tudo isto devendo contribuir para a abolição de quaisquer hierarquias entre espectadores —, que, na primeira edição do Festival de Bayreuth, o ciclo completo d'*O Anel do Nibelungo* estreou em 1876[3].

Mas Wagner, muito antes da consagração de Bayreuth, não queria apenas revolucionar a ópera. Tomando como

---

2   Bernard Shaw, *The Perfect Wagnerite: A Commentary on the Niblung's Ring* (Campaign, IL: Bookjungle, 2009 [1898]), pp. 14 e 41.
3   Sobre a génese e a história do Festival de Bayreuth, assim como sobre a sua influência no teatro e na encenação de ópera desde o final do século xix até à contemporaneidade, leia-se Patrick Carnegy, *Wagner and the Art of the Theatre* (New Haven & London: Yale University Press, 2013).

JOÃO PEDRO CACHOPO

modelo a tragédia grega, pondo o drama-musical em relação com a vida comunitária, o compositor aspirava a uma revolução, a um só tempo, estética e política da sociedade como um todo. Foi esse Wagner que, no rescaldo da Insurreição de Dresden em 1849 — na qual participou ao lado de Bakunin e que o obrigou, derrotado o movimento, a exilar-se —, escreveu *A Arte e a Revolução*[4] e concebeu *O Anel do Nibelungo*. Naquele e noutros ensaios, conferiu um tom polémico e um cunho programático aos seus ideais estético-políticos; neste drama, que haveria de ser a tetralogia, procurou dar-lhe forma alegórica e artística[5].

Tudo começa com o roubo do ouro do Reno — quer dizer, com a violência sobre o elemento natural, de cuja perene harmonia os acordes do Prelúdio oferecem uma imagem sonora. Na primeira cena, Alberich, o nibelungo, acerca-se das filhas do Reno, que o seduzem, rejeitam e ridicularizam. Explicam-lhe, a dado momento, que só quem renunciasse ao amor seria capaz de forjar um anel com o ouro roubado, alcançando assim um poder ilimitado sobre todas as criaturas. Crêem-se seguras, pois supõem que um ser libidinoso como ele jamais renunciará ao amor. Mas Alberich não hesita, e é com desprezo que amaldiçoa o amor e usurpa o metal precioso. No terceiro quadro da ópera, será a vez de

4   Richard Wagner, *A Arte e a Revolução*, trad. José M. Justo (Lisboa: Antígona, 2000).
5   A ideia inicial constituía um díptico e não uma tetralogia, devendo integrar *A Morte de Siegfried* e *O Crepúsculo dos Deuses*. Note-se, ainda, que a concepção do drama — ao contrário da composição da música, iniciada apenas em 1851, com os libretos já redigidos — sucede em ordem inversa à dos acontecimentos representados. Inspirando-se na mitologia nórdica, especialmente germânica e escandinava, Wagner começa por imaginar a história de Siegfried — em *Siegfried* e n'*O Crepúsculo dos Deuses* (respectivamente, a terceira e a quarta óperas do ciclo) — e só depois, pressentindo a necessidade de esclarecer os antecedentes mitológicos da acção dramática, recua aos acontecimentos representados n'*O Ouro do Reno* e n'*A Valquíria* (respectivamente, a primeira e a segunda óperas do ciclo).

O ESCÂNDALO DA DISTÂNCIA

os deuses roubarem a Alberich o ouro, o tesouro e o anel, com os quais remuneram dois gigantes, Fafner e Fasolt, pela construção da fortaleza divina, o Walhalla. Que os deuses ajam de forma traiçoeira é altamente significativo. Pois o que importa reter, neste emaranhado de peripécias e tramóias, é aquilo que todas as personagens — anões, gigantes e deuses — partilham: a sede de poder. Wotan, o deus, não é menos ganancioso e ardiloso do que Alberich.

Eis a alegoria: uma sociedade corrupta, dominada pela ganância, a dissimulação, a mesquinhez — uma sociedade que é, para Wagner, a sociedade moderna —, contraposta à promessa de uma outra sociedade, que Siegfried, o herói livre, desvinculado das convenções e das leis, uma espécie de bom selvagem, encarnará. É nisto que se joga a primeira interpretação da tetralogia, uma interpretação inspirada nos textos humanistas e revolucionários de Feuerbach, onde amor, liberdade e revolução caminham de mãos dadas.

Em 1854, contudo, Wagner descobre *O Mundo como Vontade e Representação* de Schopenhauer. E, segundo escreve n'*A Minha Vida*, lê a obra quatro vezes em poucos meses. É avisado desconfiar do que os artistas escrevem sobre si mesmos — e, no caso de Wagner, que tanto se esforçou por abrilhantar o seu mito, todo o cuidado é pouco —, mas há boas razões para supor que, neste caso, o compositor não exagera ao afirmar a influência decisiva que o pensamento de Schopenhauer teve sobre a sua obra e o seu pensamento.

> O efeito gradualmente produzido em mim foi extraordinário e exerceu certamente uma influência decisiva em todo o curso da minha vida. Ao formar o meu julgamento sobre todos esses assuntos que até então tinha adquirido apenas

através dos sentidos, adquiri praticamente o mesmo poder que anteriormente tinha obtido na música [...] por um estudo exaustivo do contraponto. Se, portanto, em anos posteriores, voltei a expressar opiniões nos meus escritos casuais sobre assuntos relacionados com essa arte que me interessava particularmente, é certo que vestígios do que aprendi com o estudo da filosofia de Schopenhauer eram claramente perceptíveis.[6]

Mas não é apenas de música que se trata. E, mesmo que o fosse, teríamos de reconhecer que, na óptica de Schopenhauer, tratando-se de música, trata-se inevitavelmente de tudo. Pois a música é a arte — a única arte — em que a vontade se manifesta de forma imediata. E a vontade é "coisa em si", força cega e inelutável, que tudo move e atravessa, dos movimentos tectónicos ao desejo sexual, do crescimento celular à fome e à sede, do medo instintivo às mais elevadas elucubrações do espírito humano. É por estas ideias, às quais importa acrescentar a afinidade entre o artista e o santo — que renunciam à vontade, ora provisoriamente, por via da contemplação estética, ora permanentemente, por via do ascetismo religioso —, que Wagner se apaixona[7].

E apaixona-se, como refere numa carta a Liszt, porque crê que tais ideias clarificam as suas próprias intuições

---

6   Richard Wagner, *Mein Leben*. Berliner Ausgabe, 2013 [1911]. Consultado em Meine Bibliotek (www.zeno.org).

7   Arthur Schopenhauer, *O Mundo como Vontade e Representação*, trad. António Sousa Ribeiro (Lisboa: Relógio d'Água, 2023). Sobre o encontro de Wagner com Schopenhauer e, de um modo geral, sobre a relação de Wagner com a filosofia, leia-se Bryan Magee, *Wagner and Philosophy* (London: Penguin, 2000).

— intuições que não dizem apenas respeito à relação entre música e drama, mas também ao sentido ético, político e metafísico d'*O Anel do Nibelungo*[8]. De algum modo, as ideias de Schopenhauer teriam conferido robustez aos pressentimentos em que o espírito de Wagner já repousava. As palavras que Wotan pronuncia no Acto II d'*A Valquíria* — escritas por Wagner antes da leitura d'*O Mundo como Vontade e Representação* — afiguram-se, exemplarmente, premonitórias[9]:

> Toquei no anel de Alberich,
> Ávido, segurei o ouro!
> A maldição, à qual escapei,
> já não consigo evitá-la:
> O que amo, tenho de abandonar;
> Assassinar quem adoro;
> Enganar quem confia em mim!
> *(Os gestos de Wotan passam da expressão da mais terrível dor para o desespero.)*

8   No que toca à relação entre drama e música, Wagner reconhece agora, no que revê a sua compreensão inicial do drama musical, que a música, mais do que serve o drama, já o contém. Pois o drama não é apenas o enredo, mas, em sentido forte, os conflitos que, expressos imediatamente na música, nele encontram expressão verbal.

9   Eis o contexto. Entre *O Ouro do Reno* e *A Valquíria* — a primeira e a segunda óperas da tetralogia — o anel permanece na posse de Fafner, um dos gigantes construtores do Walhalla, que assumiu entretanto a forma de um dragão. Portanto, o anel permanece à mercê — teme Wotan — de um potencial assalto dos nibelungos. A fim de o recuperar, o deus concebe um plano. Por um lado, une-se à deusa Erda, de quem tem nove filhas, as valquírias — seres divinos votados à tarefa de reanimar os mais bravos heróis caídos em batalha, formando o exército do Walhalla. Por outro lado, junta-se a uma mulher humana, que dá à luz Siegmund e Sieglinde. Wotan acompanha Siegmund na sua juventude. Ensina-o a caçar e a lutar, deixa-lhe uma espada, protege-o de perigos fatais. Mas nunca revela a sua identidade. Pois só assim, desprovido da protecção divina, poderá Siegmund tornar-se o herói livre, desvinculado de acordos e alianças, que, sem romper o contrato que impede Wotan de arrebatar o anel a Fafner, o fará por sua livre iniciativa. Assim pensa e deseja Wotan. Mas, quando a esposa, Fricka, o interpela, assumindo a voz da sua própria consciência, cai a máscara. Wotan reconhece que se engana a si mesmo. Siegmund, que ele tanto ajudou, jamais poderia ser um herói livre.

JOÃO PEDRO CACHOPO

Vai-te, então, soberba magnificência,
Brilhante vergonha do divino esplendor!
Destruirei o que construí!
Desisto da minha obra; já só desejo uma coisa:
O fim,
o fim![10]

É num longo sumário, diante de Brünnhilde, a valquíria predilecta, que o deus tudo reconhece: a sede de poder; o anseio de se apoderar do anel; o ardil com que o usurpou; o receio da maldição que o acompanha; o pavor de que o ouro retorne às mãos de Alberich; e, finalmente, o plano de abrir caminho, sem o admitir diante do mundo e de si mesmo, a Siegmund[11]. Ele, Wotan, o mais poderoso dos deuses, é também, em virtude das leis e dos acordos em que assenta o seu poder, o mais miserável dos seres, um joguete, sem tirar nem pôr, da vontade... Insinua-se, então, uma segunda interpretação da tetralogia. A sua personagem-emblema é Wotan, o deus que reconhece a vacuidade de todos os esforços, renuncia a todos os projectos, a todas as ambições, a todas as esperanças, e já só deseja uma coisa: o fim.

Eis o imbróglio, em jeito de resumo. Por um lado, ao ler *O Mundo como Vontade e Representação*, Wagner identificou-se profundamente com o pensamento de Schopenhauer. Por outro, o pessimismo romântico desta obra entrava em rota

10   Richard Wagner, *Die Walküre* (libreto). Consultado em Opernführer: The Virtual Opera House (www.opera-guide).

11   Siegmund, com efeito, é o filho de Wotan e de uma mulher humana cuja liberdade o deus deseja e prepara, embora de forma egoísta. Contudo, não é Siegmund, mas Siegfried — filho dos gémeos Siegmund e Sieglinde, que se encontram no Acto I d'*A Valquíria* —, o verdadeiro herói da tetralogia, cuja acção transcende e transgride os planos do deus.

O ESCÂNDALO DA DISTÂNCIA

de colisão, no plano alegórico, com o optimismo revolucionário que norteara o seu trabalho até então. Afinal, quem era a personagem-emblema da tetralogia? Seria Siegfried (em consonância com o pensamento de Feuerbach), o herói livre que prenuncia um mundo melhor? Ou seria Wotan (em consonância com o pensamento de Schopenhauer), o deus lúcido que renuncia à vontade?

Não deixa de ser espantoso que uma obra suscite interpretações tão contrastantes e que estas possam coexistir, de forma sucessiva ou sobreposta, na mente do próprio artista, cuja indecisão surge na obra como uma ferida que não sara[12].

*

Quem escreveu sobre a indecisão de Wagner com uma ironia e uma lucidez ferozes foi Nietzsche — numa longa passagem d'*O Caso Wagner*, que, visto que nos servirá de mote ao voltarmos à *Montanha Mágica*, importa aqui citar praticamente na íntegra:

> Vou agora contar a história d'*O Anel*. [...] — Durante metade da sua vida, Wagner acreditou na revolução, como só um francês podia acreditar. Procurou-a na escrita rúnica do mito, e julgou encontrar em Siegfried o revolucionário típico. — "De onde vêm os males do mundo?", perguntou a

12 Muito se escreveu sobre o sentido alegórico, com todos os seus ecos políticos e filosóficos, d'*O Anel do Nibelungo*. Philip Kitcher e Richard Schacht, por um lado, e Slavoj Zizek, por outro, arriscam uma outra leitura, segundo a qual a personagem-emblema do ciclo seria afinal Brünnhilde, a filha desavinda de Wotan e futura mulher de Siegfried. Leia-se Philip Kitcher e Richard Schacht, *Finding an Ending: Reflections on Wagner's Ring* (Oxford: Oxford University Press, 2004) e Slavoj Zizek, "Brünnhilde's Act", *The Opera Quarterly*, vol. 23, n.º 2-3 (2007), pp. 199-216.

si mesmo. Dos "velhos contratos", respondeu, como todos os ideólogos da revolução. Em vernáculo: de costumes, leis, morais, instituições, de tudo aquilo sobre o qual repousam o velho mundo e a velha sociedade. "Como banir os males do mundo? Como abolir a velha sociedade?" Somente declarando guerra aos "contratos" (à tradição, à moral). É isto que faz Siegfried. Ele começa cedo, bem cedo: o seu nascimento já é uma declaração de guerra à moral — pois ele provem de um adultério, de um incesto... É Wagner — e não a lenda — o inventor desse traço radical; nesse ponto, ele corrigiu a lenda... [...] Por longo tempo a nave de Wagner seguiu alegremente por esse caminho. Sem dúvida, Wagner buscava nele o seu mais elevado objetivo. — Que aconteceu então? Um acidente. A nave foi de encontro a um recife; Wagner encalhou. O recife era a filosofia schopenhaueriana; Wagner estava encalhado numa visão de mundo contrária. O que havia ele posto em música? O optimismo. Wagner envergonhou-se. Além disso, um optimismo para o qual Schopenhauer tinha criado um epíteto mau — o optimismo infame. Envergonhou-se novamente. Meditou por longo tempo. A sua situação parecia desesperada... Por fim, ocorreu-lhe uma saída: o recife no qual naufragara, e se ele o interpretasse como objetivo, como intenção velada, como verdadeiro sentido da sua viagem? Naufragar ali — isso era também uma meta. [...] E então traduziu o *Anel* para schopenhaueriano. Tudo vai torto, tudo se afunda, o novo mundo é tão mau como o antigo — o nada, a Circe indiana, acena... Brünnhilde, que, segundo a antiga intenção, se despediria com uma canção de louvor ao amor livre, deixando ao mundo esperanças de uma utopia socialista, segundo a qual "tudo fica bem", tem agora outra coisa a fazer. Tem primeiro de estudar Schopenhauer; tem de pôr em versos o quarto livro d'*O Mundo como Vontade e Representação*.[13]

Tal como Wagner, também Mann entrou em crise. A sua "nave" também encalhou. O recife, contudo, foi outro. Nada teve que ver com leituras filosóficas, concernindo aos acontecimentos históricos que rodearam o escritor, aos horrores da Primeira Guerra Mundial, ao desvario ideológico que se seguiu. Falámos já desta crise, relanceando os seus principais momentos, no capítulo anterior. Tentemos agora imaginar o que se passou na mente do escritor.

Que havia ele pensado e escrito nos anos da Primeira Guerra Mundial? Como imaginara ele a guerra? O que dera ele à estampa com as suas *Reflexões de um Apolítico*? Um encómio ao nacionalismo germânico, cujas ideias, ou as simplificações que delas sobravam, ouvia agora nos discursos mais infames do mais ignóbil dos seus contemporâneos. Mann envergonhou-se. Além disso, rodeara esse encómio de uma romantização da guerra, selando a união entre o *artista* e o *soldado*. Envergonhou-se novamente. Meditou por longo tempo. A sua situação parecia desesperada. Por fim, ocorreu-lhe uma saída.

O exílio na montanha — o cerne do impasse em que se encontrava, pois, sem poder preconizar o atavismo do sanatório, já não desejava abraçar o espírito guerreiro da planície —, e se ele o reinterpretasse como objectivo? E se o ponto culminante da aprendizagem do herói já não tivesse como

---

13 Friedrich Nietzsche, *Der Fall Wagner, Kritische Studienausgabe* [*KSA*], vol. 6, ed. Giorgio Colli e Mazzino Montinari (Berlin & New York: Walter de Gruyter, 1999), pp. 19-21.

palco, no conforto das cadeiras de recosto, entre almofa-
das e cobertores, o sanatório, onde Settembrini e Naphta se
digladiam, mas os arredores agrestes e gelados deste, onde
Castorp, afastando-se de paisagens familiares, se perde e
reencontra? E se, nas etapas finais do romance, o protagonista enfrentasse uma última e decisiva prova, na qual, num
esforço de auto-superação, enfrentasse e ultrapassasse a sua
obsessão pela morte?

Assim parece ter cogitado o escritor nas etapas
finais da redacção do romance. E assim nasceu o episódio da
"Neve".

> Hans Castorp tinha coragem aqui em cima — se a coragem
> ante os elementos não significa um pragmatismo apático na
> relação com eles, mas uma entrega consciente e o domínio
> do pavor da morte pela simpatia [pela morte]. — Simpatia?
> — Simpatia, sim, Hans Castorp alimentava simpatia pelos
> elementos no seu franzino peito civilizado; e havia uma rela-
> ção entre esta simpatia e o novo sentimento de dignidade de
> que tomara consciência ao ver aquela turba a andar de trenó
> e lhe fizera parecer apropriada e desejável uma solidão mais
> profunda e maior, com menos confortos de hotel do que o
> seu compartimento da varanda. Dali, contemplara as altas
> montanhas brumosas, a dança do nevão, e envergonhara-
> -se no fundo da alma do seu olhar embasbacado por cima
> do parapeito de conforto. Por isso, e não por paixão pelo des-
> porto nem por prazer inato na actividade física, é que apren-
> dera a andar de esqui. (555-6)

Certa tarde, já acostumado ao equipamento, após passeios
nos quais se afasta cada vez mais, "pois a atracção das

distâncias e das alturas, das solidões que se abriam constantemente de novo, era forte na alma de Hans Castorp" (560), lá vai ele, uma vez mais, pelas montanhas nevadas, sem se preocupar com a escuridão do céu, que se adensa e se aproxima — até que, inevitavelmente, desaba sobre ele a tempestade. Mas Castorp, no meio da ventania e do nevão crescentes, não arrepia logo caminho. O sentimento que lhe domina a alma "apenas podia caracterizar-se com uma palavra: desafio" (560). Pouco depois, é tarde demais. Desorientado e confuso, fustigado por rajadas de vento que lhe cortam a respiração e tolhem os movimentos, procura, em vão, o caminho de volta. E só após alguns movimentos circulares encontra abrigo, precário mas providencial, debaixo do telhado de um casebre. Embora lute contra a exaustão e a sonolência, que piora após uns goles na garrafinha de vinho do Porto que trouxera consigo, acaba por adormecer.

É então acometido por visões de sonho e pesadelo. A beleza que se lhe apresenta inicialmente — um "parque verdejante de árvores de folha caduca" (570), o "mar do Sul, de um azul-escuro-escuro, com luzes prateadas a brilhar" (571), "raparigas a dançar" (572), "jovens [...] no tiro ao arco", "crianças a brincar rejubilantes entre a rebentação" (572), ao ponto de o sonhador exclamar, inebriado de êxtase, "'Mas isto é encantador!'" (573) — mais não é do que uma ilusão atrás da qual se escondem forças tenebrosas. Voltando-se para trás, na direcção do olhar de um jovem cujo semblante sorridente se fecha ao virar-se para ele, encontra um templo, em cujo santuário, após uma caminhada em que sente o coração cada vez mais oprimido, vê "duas mulheres grisalhas, seminuas, de cabelos desgrenhados, de seios de bruxa pendentes" num ofício abjecto, perante o qual os joelhos do sonhador quase cedem, pois ali estão elas, numa avidez sangrenta, a "esquartejar uma criancinha por cima de um alguidar" (575).

O que é este espectáculo, onde a mais encantadora visão se desfaz num festim de crueldade, se não uma dramatização do conflito entre o apolíneo e o dionisíaco? E o que é a sua inclusão neste momento crucial da narrativa — pois é aqui, ao acordar após o que fora uma furiosa mas breve tempestade, que Castorp, ao interpretar este sonho-pesadelo ainda semiconsciente, decide tomar o partido da vida — se não um indício de que Mann, ao escrever este episódio, procurava interpretar nietzschianamente *A Montanha Mágica*?

> O meu coração bate com força e sabe porquê? Não bate apenas por motivos físicos, não bate da maneira como as unhas continuam a crescer a um cadáver; bate de um modo humano e porque a alma está feliz. É uma poção, a palavra dos meus sonhos — melhor do que vinho do Porto e cerveja inglesa, percorre-me as veias como o amor e a vida, de tal maneira que eu me arranco ao sono e aos sonhos que, evidentemente, sei muito bem que são perigosos em alto grau para a minha vida jovem... (578-9)

Retomemos, então, a intuição que anima este capítulo, no qual estabeleço um paralelo entre Wagner e Mann. Vimos como os artistas interrompem projectos de monta durante um período significativo; vimos como, em ambos os casos, a interrupção acontece num momento de crise; e vimos como esta crise se cristaliza numa hesitação a respeito do valor simbólico dos seus heróis: Castorp e Siegfried. Ora, é possível reconhecer uma última declinação deste paralelo, pois ambos, a fim de

O ESCÂNDALO DA DISTÂNCIA

superarem tal crise, se apoiaram numa mundividência filosófica: no caso de Wagner, a de Schopenhauer; no caso de Mann, a de Nietzsche.

Se, por outras palavras, a solução para a crise de Wagner foi Schopenhauer, a solução para a crise de Mann — é o que aqui proponho— foi Nietzsche. Tal como Wagner reinterpretou *O Anel do Nibelungo* à luz de Schopenhauer, Mann reinterpretou *A Montanha Mágica* à luz de Nietzsche — ou, para ser preciso, aprofundando o cunho nietzschiano do romance, que estivera presente desde o início[14], mas que o escritor acentuou a fim de contornar o impasse a que fiz referência no capítulo anterior[15].

Recordemos esse impasse: como evitar ao mesmo tempo a indiferença apática da montanha e o voluntarismo belicoso da planície? Como resgatar a experiência alpina de Castorp? De que maneira, recordando o entendimento clássico do "romance de formação", aquele *tempo* ali perdido faz, ainda assim, *sentido*? A resposta de Mann, inspirada em Nietzsche, parece ter sido: dividindo em duas a metáfora da montanha. Alegoricamente, existiriam, não uma, mas duas

14 Na verdade, a expressão "montanha mágica" é tomada de empréstimo a *O Nascimento da Tragédia*. Friedrich Nietzsche, *Die Geburt der Tragödie*, § 3, *KSA*, vol. 1, ed. Giorgio Colli e Mazzino Montinari (Berlin & New York: Walter de Gruyter, 1999), p. 35.

15 Que Nietzsche foi crucial para Mann na composição d'*A Montanha Mágica* está longe de ser uma novidade. Entre os trabalhos que se debruçaram sobre este tema, contam-se: Jill A. Kowalik, "'Sympathy with Death': Hans Castorp's Nietzschean Resentment", *German Quaterly*, vol. 59 (1985), pp. 27-48; Alexander Nehamas, "Nietzsche in *The Magic Mountain*", in *Thomas Mann's "The Magic Mountain"*, ed. Harold Bloom (New York: Chelsea House, 1986), pp. 105-116; Joseph Erkme, *Nietzsche im "Zauberberg"* (Frankfurt am Main: Klostermann, 1996). No entanto, em todos estes estudos, sem prejuízo da sua relevância, o romance é considerado na sua totalidade, tal como se apresenta no momento em que foi publicado. O que aqui defendo é que a importância de Nietzsche só se revela no que tem de mais decisivo quando se reconhece que a sua apropriação foi o que permitiu a Mann resolver o impasse em que se encontrava na recta final do trabalho.

montanhas. Haveria a montanha do sanatório, que é hospital, hotel e prisão, com a sua distância doentia, diletante, indiferente; essa montanha, uma montanha indissociável do "modo de vida horizontal" que vigora em Berghof, continua a merecer todas as ironias que o narrador lhe dirigia desde 1912. Mas, nos antípodas desta, haveria também a montanha da tempestade de neve: a montanha dos arredores do sanatório, sinuosa, íngreme, tempestuosa, onde Castorp se perde naquele episódio decisivo do romance; uma montanha que significa isolamento, elevação, perigo, mas também, por tudo isto, clarividência, logo oportunidade de auto-superação.

É nessa montanha, ao cabo do seu sonho apolíneo-dionisíaco, que Castorp se liberta da simpatia pela morte e toma o partido da vida. O narrador chama-lhe uma promessa de amor, cuja força encontra ainda esteio numa fidelidade à morte, no sentido de um reconhecimento da condição mortal. Todavia, a morte já não tem — não pode continuar a ter — a última palavra.

> Morte e amor — são palavras que não rimam, uma rima de mau gosto, errada. O amor opõe-se à morte, só ele, não a razão, é mais forte do que a morte. [...] Vou pensar nisso. Vou manter a fidelidade à morte no meu coração, mas lembrar-me com nitidez de que a fidelidade à morte e ao que foi não é senão maldade e sombria luxúria e misantropia, se determinar o modo como pensamos e governamos. *Em nome da bondade e do amor, o ser humano não deve conceder à morte nenhum domínio sobre os seus pensamentos.* (578)

Esta máxima "salva" Hans Castorp — no sentido em que é nela que culmina, dando-lhe sentido, a sua formação:

> Com isto, levei o sonho até ao fim e cheguei ao destino. Há muito tempo já que ando à procura desta palavra [...]. Foi a busca dessa palavra que me empurrou também para a montanha nevada. Agora, tenho-a. O meu sonho deu-ma com o máximo de clareza para que eu a saiba para sempre. (578)

E "salva" Thomas Mann, na medida em que lhe permite continuar a pensar n'*A Montanha Mágica* como um *Bildungsroman* — apesar de o livro terminar com o crepúsculo da cultura que o concebera, com a guerra hedionda, na descrição de cujos campos o narrador se apressa e se cala.

*

Conjugando o *logos* do *Bildungsroman* com o *pathos* da superação de si, Mann aposta num humanismo a um só tempo goethiano e nietzschiano: um humanismo fundado na vitória do interesse pela vida sobre a simpatia pela morte. É esta visão que orienta o escritor no recta final da composição do romance. E é ela, finalmente, que dá sentido à iniciação de Castorp, que o escritor associa ao Graal — eis, ao cair do pano, um toque wagneriano — na conferência de Princeton em 1939, na qual remete explicitamente para o episódio da "Neve".

> Compreenderão também o que é o Graal, o saber, a iniciação, o supremo pelo qual não só o herói bobo, mas o próprio livro está à procura. Encontrá-lo-ão especificamente no capítulo intitulado "Neve", onde Hans Castorp, perdido em alturas mortais, sonha o seu sonho poético do

homem. O Graal, que ele não encontra, embora o vislumbre no sonho próximo da morte, antes de ser arrancado da sua altura para a catástrofe europeia, é a ideia do homem, a concepção de uma humanidade futura que passou por um saber muito profundo, um saber de doença e de morte. O Graal é um mistério [*Geheimnis*], mas também a humanidade o é. Pois o próprio homem é um mistério e toda a humanidade reside no respeito pelo mistério do homem.[16]

Esta é, porventura, a última palavra de Mann sobre o romance. Mas não tem de ser a nossa. E não tem de ser a nossa a bem do romance; a bem de que o romance continue a mudar; a bem de que o romance continue a mudar-nos; a bem, então, de que seja possível lê-lo, inclinado para o mundo — nem refastelado numa qualquer cadeira de repouso, nem abismado num delírio de lucidez alpino, mas descendo da montanha à planície, com as cautelas devidas, sem permitir que a pressa vulgar ocupe o lugar do recuo altivo.

16   Thomas Mann, "Einführung in den 'Zauberberg'", p. 81.

4
UM LIVRO MUSICAL?

O ESCÂNDALO DA DISTÂNCIA

Quando se pensa em música na obra de Thomas Mann, é comum lembrar o *Doutor Fausto*. É nesse romance, que relata o destino do compositor Adrian Leverkühn, cuja obra reflectiria "as alturas e os abismos da alma alemã"[1], que encontramos tanto um esforço de aproximação à vanguarda musical, quanto uma revisitação crítica, de cunho artístico e político, do romantismo alemão. Convém, por isso, sublinhar — sem o que a pertinência deste capítulo poderia afigurar-se duvidosa — que *A Montanha Mágica* está longe de ser um romance desprovido de episódios musicais e, como veremos, de uma certa musicalidade. De resto, nada disto é indiferente no âmbito da exploração filosófica que aqui se ensaia.

Comecemos pelo enredo. Temos notícia do gosto de Castorp pela música relativamente cedo na narrativa. Na manhã do segundo dia, enquanto se barbeia no quarto, o jovem é visitado pelo som distante de cânticos e marchas ao longe — dando pretexto ao narrador para referir que Castorp "amava sinceramente a música, porque ela tinha um efeito semelhante à da sua Porter do pequeno-almoço, um efeito profundamente tranquilizador, sedativo, convidando a dormitar" (59). Já nos tempos de Hamburgo, sendo "saudável", uma "pessoa normal" e "um jogador de ténis e remador razoável", Castorp preferia, "em vez do manejo dos remos, ficar sentado nos fins de tarde de Verão a ouvir música e com uma boa bebida na mão no terraço do clube náutico de Uhlenhorst" (49).

No sanatório, as ocasiões para experiências musicais não escasseiam. Alguns hóspedes — desde logo um jovem

---

1   Thomas Mann, citado em Susan Sontag, "Pilgrimage", in *A Companion to Thomas Mann's Magic Mountain*, ed. Stephen D. Dowden (Columbia, SC: Camden House, 1999), p. 233.

de cabelo ralo, que toca repetidas vezes a "Marcha Nupcial" d'*O Sonho de uma Noite de Verão* de Mendelssohn (111) — não se fazem rogados na manifestação da sua apetência para a música. Além disso, há concertos quinzenais no terraço: tocam-se peças de circunstância, nem sempre nomeadas pelo narrador, entre as quais valsas, marchas e polcas de compositores como Johann Strauss, Franz Lehár, Julius Fučik ou Émile Waldteufel. Noutras ocasiões, em vez de concertos de bandas, são recitais de canto. Finalmente, há o espectáculo no cinematógrafo de Davos-Platz, que pouco ou nada empolga Castorp — a historieta é vulgar e a adesão do público suspeita —, mas cuja música, "apesar dos seus limitados recursos", não deixa de chamar a atenção de Castorp, por conseguir "tocar todos os registos da solenidade e da pompa, da paixão, da selvajaria e da sensualidade lânguida" (374).

A música, escreve David Blumberg, "age [sobre Castorp] como um catalista"[2]. E Castorp adora-a, pois aprecia sentir-se entorpecido e sonolento, e, se puder fumar um Maria Mancini, ainda melhor. É a combinação perfeita de que fala Settembrini quando, jocosamente, atira: "Cerveja, tabaco e música [...]. Eis a sua pátria!" (142), o que faria de Castorp um típico alemão. À primeira vista, pouco mais haveria a dizer. As reacções de Castorp à música seriam simplesmente mais um pretexto para a sua caracterização ambivalente. Mas isto tem que se lhe diga. Pois não são o entorpecimento e a sonolência — o efeito dileto da música sobre o herói — a faceta fisiológica de uma mais ampla,

---

2   David Blumberg, "From Muted Chords to Maddening Cacophony: Music in *The Magic Mountain*", in *A Companion to Thomas Mann's Magic Mountain*, ed. Stephen D. Dowden (New York: Camden House, 1999), p. 86.

profunda e preocupante tendência para a inacção? E não é esta o cerne do problema de Castorp?

Relanceando o romance com esta pergunta atrás da orelha, há dois episódios que sobressaem. O primeiro ocorre logo após o primeiro concerto a que o jovem assiste no sanatório, quando Settembrini, em conversa com os primos, se multiplica em considerandos sobre os malefícios da música. O segundo, já perto do final, segue-se à chegada do gramofone ao sanatório. Detendo-se na peça que mais impressionou Castorp, também o narrador discorre, com um fascínio eivado de preocupação, acerca desse fruto emblemático do romantismo alemão: a canção "Der Lindenbaum" ("A Tília") de Schubert.

No que se segue, conduzo a discussão em duas direcções. Por um lado, focando-me nestes dois episódios, sugiro que os anima uma inquietação meta-musical comum, expressa, em termos gerais, por Settembrini, e, em termos específicos, pelo narrador, e que aquela, em especial no que toca ao romantismo alemão, é partilhada por Mann. Neste aspecto, sigo a pista de Hans Rudolf Vaget, para quem "*Doutor Fausto* pode e deve ser lido como uma continuação d'*A Montanha Mágica*"[3].

Por outro lado, lembrando que para Mann a música não foi apenas um tema, mas um princípio de organização formal — tanto que o escritor, na conferência de Princeton e noutras ocasiões, afirmou que escrevia cada vez mais como quem compunha, organizando os seus "temas literários"

---

3   Hans Rudolf Vaget, "'Politically Suspect': Music on the Magic Mountain", in *Thomas Mann's* The Magic Mountain: *A Casebook*, ed. Hans Rudolf Vaget (Oxford: Oxford University Press, 2008), p. 124.

como se fossem "temas musicais" —, sugiro que do reconhecimento da musicalidade do romance advêm consequências para a sua leitura: esta, na justa medida em que o romance é musical, não pode deixar de ser uma escuta.

*

No domingo que se segue à chegada do jovem ao sanatório, já o habitual concerto se abeirava do fim, Settembrini acerca-se de Hans Castorp e Joachim Ziemßen, e não hesita, como é seu apanágio, em meter conversa. Desta feita, o tema é a música. O pedagogo iluminista não é insensível à arte dos sons, tanto que se considera um "amante de música", mas desagrada-lhe quando esta "cheira a farmácia" e "é administrada a partir de cima por razões sanitárias" (142). Daí que raramente assista aos concertos. Tal resistência, admite de bom grado, não lhe vale de muito no sanatório. Ainda assim, insiste nela com satisfação e, acima de tudo, por princípio. É que, para Settembrini — sendo disto que procura persuadir os primos —, a música é "politicamente suspeita" (144).

Vamos por partes. A música — eis o que Settembrini defende em primeiro lugar — é ambígua. Nunca é claro aquilo a que se refere. E se é possível falar de clareza em matéria musical, é necessário acrescentar que ela é "sonhadora", logo inconsequente. A música — e aqui a adjectivação desenha um crescendo significativo — "é o semiarticulado, o duvidoso, o irresponsável, o indiferente" (143). Settembrini não duvida de que a música pode animar ou inflamar. E admite ainda que, graças a esse poder, ela pode ter um efeito moralmente positivo, despertando o sentimento do

O ESCÂNDALO DA DISTÂNCIA

tempo. Contudo, trata-se justamente disso: duma possibilidade. Pois a música, em virtude da sua ambiguidade, pode muito bem ter o efeito inverso.

> A música desperta o tempo, desperta-nos para a fruição mais delicada do tempo, desperta... nessa medida é moral. A arte é moral na medida em que desperta. Mas e se faz o contrário? Quando anestesia, adormece, vai contra a actividade e o progresso? Também disso a música é capaz, ela também sabe perfeitamente produzir o efeito dos opiáceos. Um efeito diabólico, meus senhores! O opiáceo é uma coisa demoníaca, pois cria embrutecimento, inércia, inactividade, uma estagnação servil... Há algo de problemático na música, meus senhores. Mantenho a opinião de que ela é ambígua. Não estou a ir longe de mais se declarar que a música é politicamente suspeita. (144)

Que o efeito da música, sendo o seu poder inequívoco, possa ser benigno ou nefasto é uma ideia que remonta, na tradição ocidental, à antiguidade clássica, especialmente a Platão. Mas Settembrini, num *volte-face* surpreendente, confere-lhe uma tonalidade nietzschiana. O cerne do problema é o quietismo, a inércia, o torpor, tudo aquilo que o Nietzsche tardio, falando precisamente num efeito similar ao dos opiáceos, censurava especificamente em Wagner; e que Mann, atribuindo estas preocupações a Settembrini, em cujos lábios adquirem um sabor político e moral, torna definitivamente gerais. A música é capaz de atordoar e entorpecer. É isso que quadra problematicamente, perigosamente, diabolicamente — aqui já escutamos ecos de *Doutor Fausto* — com o zelo farmacológico da execrável administração do sanatório que tanto repugna Settembrini. Para o italiano, Castorp faria bem em regressar à planície o quanto antes.

Este episódio, atendendo ao modo como estas ideias ressurgem noutros pontos d'*A Montanha Mágica* — e não me refiro aqui apenas a outras ocasiões de reflexão sobre a música, mas à própria índole das censuras dirigidas pelo narrador ao protagonista, que partilham com o arrazoado de Settembrini o tom, o vocabulário e a preocupação com os sortilégios do ópio —, afigura-se mais um indício de que Mann distribui pelas suas personagens as suas intuições, memórias e ideias. Aqui, é Settembrini, mas, noutros pontos, é Castorp ou Naphta, e, ainda noutros, Ziemßen, Chauchat ou Peeperkorn. É vã, em suma, a tentativa de reconhecer uma maior "identificação" do escritor com esta ou aquela personagem.

Neste aspecto, mais do que hesitação, encontra-se, em Mann, uma extraordinária capacidade de se fragmentar em perfis temperamentais, existenciais e intelectuais, sendo dele, invariavelmente, aquilo que inspira as altercações de Naphta contra o racionalismo, a sensibilidade homoerótica de Castorp e, neste trecho do livro, as dúvidas de Settembrini sobre a música — as quais serão retomadas, esmiuçadas e aprofundadas em *Doutor Fausto*.

*

A chegada do gramofone, acompanhado por um batalhão de discos, contendo excertos de ópera, música sinfónica, canções eruditas e populares, vale ao romance uma das suas mais notáveis secções. Nela, ficamos a conhecer as preferências musicais de Castorp, entre as quais se incluem a cena final de *Aida* de Verdi (749-752), o *Prélude à l'après-midi d'un faune* de Debussy (752-3), a cena na taberna de Pastia da *Carmen* de Bizet (753-6), a prece de Valentim no Acto II de *Faust* de Gounod (756-7) e, finalmente, "A Tília" de Schubert (757-761). No próximo capítulo, voltarei a este episódio, uma vez que a relação do protagonista com o aparelho, a agulha e os discos — em suma, com o meio tecnológico que lhe permite experienciar a música — é tudo menos irrelevante. Aqui, foco-me exclusivamente no repertório, deixando a "mensagem" que o meio contém provisoriamente entre parênteses.

Verdi, Debussy, Bizet, Gounod, Schubert — e, ainda antes, em alusões mais ou menos cifradas, Rossini (743), Offenbach (745), Wagner (747) e Puccini (747). Eis um repertório à imagem de Castorp — um repertório *equilibrado*, por um lado, na medida em que não é nem demasiado vanguardista, nem demasiado conservador, logo representativo da mediania da personagem, e, por outro lado, *singular*, no sentido de reflectir, na sua heterogeneidade, o carácter particular de um indivíduo que, por esta altura da narrativa, se revela um indivíduo diferente, com reacções, gostos e paixões peculiares. Neste ponto, um pouco como no episódio da neve, as palavras do narrador sublinham, não a mediania, mas a excepcionalidade do protagonista.

> Com Hans Castorp era diferente. Durante a apresentação da nova aquisição [o gramofone] pelo conselheiro, mantivera-se silencioso ao fundo do salão, sem se rir, sem aplaudir, mas seguindo o programa com toda a atenção enquanto, obedecendo a um hábito ocasional, torcia uma sobrancelha com dois dedos. [...] Uma voz dizia nele: "Alto! Atenção! Sensacional! Isto veio para mim!" Sentiu-se

possuído do pressentimento mais decidido de uma nova
paixão, encantamento, fardo de amor. (744-5)

Considerado na sua diversidade, aquele repertório transpira cosmopolitismo. E as palavras do narrador, quando comenta as obras de compositores italianos e franceses, são invariavelmente elogiosas, estando isentas de quaisquer comparações ou hierarquias. Parece haver, da parte de Mann, uma clara intenção de exorcizar as suas profissões de fé nacionalistas em matéria musical e artística. Em contrapartida, o acento final em Schubert contém ecos nostálgicos, com a boa cerveja e o bom tabaco alemães em fundo, a cujo charme Mann não resistiu, embora não tenha hesitado em reconhecê-lo e censurá-lo.

A verdadeira tónica destas páginas, em qualquer caso, não é tanto na música em si quanto na sua capacidade de revelar Castorp, de forma implícita, ao leitor e, de forma inconsciente, a si mesmo. Aqui, no entanto, o narrador vai além de denunciar a propensão de Castorp para a sonolência e a embriaguez. São traços de carácter mais finos e experiências de vida mais diferenciadas que ressaltam da escuta introspectiva de Castorp, nessas noites solitárias que passa clandestinamente no salão do sanatório.

O final da *Aida*, uma "morte de amor" (*Liebestod*) italiana — assim designada pelo narrador para estabelecer uma analogia com a *Liebestod* de *Tristão e Isolda* de Wagner —, onde a angústia de uma morte terrível, mergulhada em escuridão, se vê transfigurada por um véu apolíneo, permite a Castorp confrontar-se, indirectamente, com a sua situação. Não é disso, de um encobrimento dos horrores da morte, que se trata naquele estabelecimento? Não é o sanatório, no fundo, sob a aparência do cuidado hospitalar e do requinte hoteleiro, um abrigo, provisório e terminal, para moribundos? Já o facto de Radamés (na *Aida* de Verdi), José (na *Carmen* de Bizet) e Valentim (no *Fausto* de Gounod) serem soldados comove-o. Por um lado, dá ensejo ao luto pelo primo, permitindo também imaginar Joachim, já morto, preocupado com ele, Hans (como Valentim com Margarida). Por outro lado, permite-lhe imaginar-se (como Radamés e José) recalcitrante e desertor, fugido ao dever militar, arrastado por um indesculpável desvario amoroso, que a arte, contudo, torna sublime.

Nos jogos de identificação que tanto o amor passional (de Radamés por Aida e de José por Carmen) como o fraternal (de Valentim por Margarida) propiciam, a ópera exibe as ambiguidades do desejo de Castorp, nomeadamente em relação ao primo. Para Hans Rudolf Vaget, a ópera é "o meio através do qual Castorp é capaz de reconhecer e aceitar a natureza ambígua da sua sexualidade"[4]. Mas não é só a ópera que logra este efeito revelador. Os acessos de paixão do fauno imaginado por Debussy a partir de Mallarmé, onde reina "o esquecimento em pessoa, a bem-aventurada imobilidade, a inocência da intemporalidade" (753), são uma manifestação do erotismo simultaneamente requintado e avassalador do protagonista.

O ponto culminante do episódio é, como já referimos, a canção "Der Lindenbaum" ("A Tília") de Schubert. Voltamos à obsessão de Castorp pela morte, em cuja análise — visto que tal obsessão é reacendida e estimulada por aquela canção em particular — as próprias dúvidas do narrador sobre a música e a poesia do romantismo alemão adquirem

4 *Ibid.*, p. 132.

maior clareza. Como no caso de Settembrini, a tónica é no "problemático" e no "suspeito". Mas o foco é mais específico. O perigo seria o de uma arte que — não apenas por razões gerais, decorrentes da sua ambiguidade crónica, mas também por razões particulares, relacionadas com uma suposta propensão histórico-cultural da cultura alemã para a introspecção e a profundidade — "reflecte" e "enobrece" o destino mortal do ser humano como nenhuma outra.

*

No início da Primeira Guerra Mundial, ficou célebre o episódio de Langemarck, ocorrido, segundo o Alto Comando Alemão, a 10 de Novembro de 1914, na Flandres: apostando em manobras com expectativas de êxito moderadas, um regimento de jovens alemães, cujo fervor nacionalista em muito superava a experiência militar, teria conseguido avanços consideráveis, rompendo a linha de defesa inimiga e capturando milhares de soldados de infantaria franceses. Segundo documentos oficiais, de cuja imparcialidade é avisado duvidar, os soldados marchavam, de baioneta em punho, entoando o cântico "Deutschland, Deutschland über alles"[5].

Há motivos para crer que Mann tem em mente este episódio — que haveria de alimentar o imaginário nacionalista durante e depois da guerra — quando redige o final do romance. Para começar, o narrador imagina Castorp num "regimento de voluntários, gente jovem, a maior parte,

5   Sobre este episódio militar e o mito gerado em seu torno, leia-se Karen Painter, "Singing at Langemarck in the German Political Imaginary, 1914-1932", *Central European History*, vol. 53, n.º 4 (2020), pp. 763-784.

estudantes, não há muito tempo na frente" (830). Ademais, Castorp, tal como o alucina aqui o narrador, nas páginas derradeiras do romance, também canta. Mas Mann, após rever por completo a sua perspectiva sobre a guerra — arrependido e envergonhado — dificilmente conceberia Castorp a cantar aquele hino. Ao invés, substitui-o pela canção de Schubert que tanto fascinara o jovem — ou, para ser preciso, por quatro dos seus versos, transcritos no final do romance (832-3).

> Tantas palavras de amor
> Que na sua casca gravei —

E, instantes depois, após a queda de um obus, cujo estilhaçamento leva Castorp a lançar-se na terra enlameada:

> E os seus ramos murmuravam,
> Como se por mim chamassem —

O poema é de Wilhelm Müller. A música é de Franz Schubert. E a canção, que o soldado Hans ali cantarola, é a quinta do ciclo *Winterreise* (*Viagem de Inverno*), o mais célebre do compositor austríaco. Nela, um viandante passa ao largo de uma tília, em cuja casca gravara outrora palavras de amor, e que, mesmo a altas horas da noite, num sussurro de folhas murmulhantes, o convida a repousar sob a sua copa. A canção é célebre. Pouco conhecida, porém, é a história da sua recepção, que lhe conferiu uma reputação não apenas nacional, dado que a tília é um símbolo da Alemanha, mas também, circunstancialmente, nacionalista.

Logo após a morte do compositor, a canção começou a ser objecto de diversos arranjos. Durante o Segundo Reich, já depois da vitória da Confederação da Alemanha do Norte na Guerra Franco-Prussiana em 1871, esteve associado ao "movimento coral masculino" (*Männerchorbewegung*), que Otto von Bismarck, sem grande gosto pelas artes, promoveu e incentivou, pois reconhecia as vantagens ideológicas de consagrar a superioridade germânica no plano cultural.

A escolha de Mann merece alguns comentários. Se é certo, por um lado, que o escritor, no momento em que finaliza *A Montanha Mágica*, rejeita ostensivamente a conotação bélica e nacionalista associada aos cânticos de Langemarck, é igualmente verdade, por outro lado, que reclama — e que, de algum modo, procura resgatar — o espírito, segundo ele, irredutível à retórica nacionalista mais vulgar, mas não menos vinculado a uma certa germanofilia, da tradição do romantismo alemão, pois é desta tradição, para o bem e para o mal, que os *Lieder* de Schubert constituem um símbolo.

Voltemos ao final do episódio do gramofone. E também, dado que o simbolismo da canção é instrumental na caracterização da personagem, à "simpatia pela morte". Eis o que pergunta o narrador acerca do fascínio de Castorp por esta canção em particular:

> Estamos dispostos a acreditar que o nosso singelo herói, depois de todos aqueles breves anos de crescimento hermético-pedagógico, penetrara suficientemente fundo na vida espiritual para ter *consciência* do "significado" do seu amor e do seu objecto? [...] Que universo subjacente era este que, de acordo com o que a sua consciência pressentia, era um universo de amor proibido?
>
> Era a morte. (759)

Castorp adora esta canção, por tudo o que o poema e a música lhe transmitem de forma subliminar. Contudo, não é totalmente claro, como o narrador faz questão de observar, que esteja ciente do seu significado. Ainda assim, pressente-o. O repouso à sombra da árvore é uma metáfora da morte. A esta altura da narrativa, impõem-se algumas perguntas. Não tinha Castorp concluído, no episódio da neve, que a morte não devia levar a melhor sobre os seus pensamentos? Será que recua diante dessa conclusão? Ou será que simplesmente a aprofunda? Noutros termos, será que Castorp — primeira hipótese — reconhece agora que a morte, não devendo ser adorada, nem por isso deve ser esquecida?[6] Ou será que — segunda hipótese — cede de novo, numa recaída fatal, ao seu fascínio por cadáveres e sepulcros?[7] Há, de facto, margem para várias interpretações deste episódio.

Isto, porém, é certo: caminha-se em terreno enlameado, nomeadamente no que toca à questão dos perigos da música. Afirma o narrador que explicar o significado desta canção é "uma empresa das mais delicadas e é necessário o maior cuidado para encontrar o tom certo, se não se quiser fazer mais mal do que bem" (758). É o destino do romantismo que está em jogo. Mann, ao que parece, adopta uma dupla estratégia. Por um lado, assume o propósito de cercear a "simpatia pela morte" — que o escritor encontra em Castorp e em si mesmo e que, além disso, reconhece como um traço indelével do romantismo alemão; abafar e conter a simpatia pela morte afigura-se-lhe tanto

6   Esta primeira hipótese é sugerida por Geoffrey Winthrop-Young, "Magic Media Mountain", p. 46.
7   Por sua vez, esta segunda hipótese é aventada por Hans Rudolf Vaget, "'Politically Suspect'", p. 132.

mais urgente quanto se lhe torna claro, naqueles anos de ressentimento e paranóia causados pela derrota da Alemanha, que uma certa glorificação da morte era o elemento comum entre a tradição da música e da poesia românticas e a extrema-direita da época. Por outro lado, precisamente porque se apercebe desta cooptação ideológica, o escritor entende necessário distinguir entre o que foi o romantismo, quando despontou, e o que ele, já no século xx, no rescaldo da guerra de 1914-1918, passou a representar.

Como criticar uma cultura, reconhecendo o que tem de potencialmente problemático, a sua inclinação para a introspecção ensimesmada, a sua afinidade com a morte, sem a caluniar injustamente, confundindo-a com os pregões dos seus falsos apologistas? Como fazer justiça à excelência de um fruto, que a passagem do tempo amadureceu em excesso, sem esconder o seu apodrecimento? É justamente nestes termos, recorrendo à metáfora do fruto demasiado maduro, que o narrador se expressa mais adiante:

A encantadora canção nostálgica de Hans Castorp, a esfera anímica a que ela pertencia e a inclinação amorosa para esta esfera eram — "mórbidas"? Nem pensar! Eram a coisa mais agradável e mais saudável do mundo. Simplesmente, tratava-se de um fruto que, fresco e a irradiar saúde neste momento ou ainda há pouco, tendia extraordinariamente para se decompor e apodrecer e, sendo o mais puro refrigério da alma se fosse saboreado no instante certo, a partir do instante seguinte, inoportuno, espalhava podridão e ruína na humanidade que a consumia. Era um fruto da vida gerado pela morte e prenhe de morte. Era um milagre da alma — talvez o mais sublime, do ponto de vista de uma beleza irresponsável e abençoado por esta, mas visto com desconfiança, por motivos válidos, aos olhos da amizade à vida, do amor ao orgânico, que reinava de maneira responsável, e objecto da superação de si próprio nos termos da sentença irrecorrível da consciência.

Sim, superação de si próprio, seria certamente esta a essência da superação deste amor — deste prodígio da alma com consequências sombrias! (760-1)[8]

Com a metáfora de um fruto excessivamente maduro, interroga-se o "momento oportuno" para o cultivo de certas paixões. É o caso da canção de Schubert: podendo revelar-se estimulante e iluminadora no tempo que foi o seu, propiciando um vislumbre introspectivo — metafórico na poesia, literal na música — do torvelinho de tempo que constitui a existência humana, abrindo o espírito de quem escuta à intuição da sua condição mortal, acabaria por tornar-se prejudicial, se consumida fora de prazo, logo que essa consciência devém ensimesmamento e que esse ensimesmamento devém altivez.

Aqui, a auto-superação que o narrador projecta em Castorp é a do próprio escritor. Mann, que se fizera arauto da união entre cultura, romantismo e nacionalismo, considera agora tal união potencialmente letal.

---

8 Esta passagem d'*A Montanha Mágica* é, na verdade, absolutamente representativa da postura de Mann relativamente ao romantismo nos anos que se seguiram à Primeira Guerra Mundial. Paul Bishop descreveu-a da seguinte maneira: "Nos anos 1920, a estratégia empregue por Mann para lidar com o romantismo foi dupla. Por um lado, desejava demarcar-se da associação entre o romantismo e a morte (simbolizada n'*A Montanha Mágica* pela apresentação de "Der Lindenbaum" da *Winterreise*) [...]. Por outro lado, tentou manter a simpatia pelo romantismo como uma expressão da condição humana, incluindo os seus elementos visionários." Paul Bishop, "The Intelectual World of Thomas Mann", in *The Cambridge Companion to Thomas Mann*, ed. Ritchie Robertson (Cambridge: Cambridge University Press, 2004), p. 32.

*

A análise destes dois episódios não esgota o que há a dizer sobre a música n'*A Montanha Mágica*. Na conferência de Princeton, após defender que os poetas são sempre também outra coisa — ora pintores, ora desenhadores, ora escultores, ora arquitectos —, Thomas Mann declara-se "músico entre os poetas"[9]. E músico de índole wagneriana: um *Dichter*, para quem a escrita se assemelha a uma composição intrincada de temas e ideias, que ele retoma, contrasta e transforma ao longo da narrativa. Se, portanto, o romance é musical, é-o, desde logo, em virtude da forma como está escrito. Sendo assim, prossegue Mann, o leitor, admitindo que terminou com agrado a leitura do romance, beneficiaria em lê-lo uma segunda vez[10]. Repetindo a leitura — entregando-se, portanto, à experiência de reconhecer certo tema, de antecipar certo clímax, de fruir certa variação, percorrendo a narrativa como uma sinfonia com a qual está familiarizado —, tudo se tornaria mais claro.

No que toca ao tema do tempo — imaginemos um tal exercício —, poderia reconhecer as suas variações a propósito da viagem, do tédio, da memória, do esquecimento. À entrada do sexto capítulo, por exemplo, aflorando questões indecidíveis como as do princípio e as do fim, a variação é numa tonalidade maior, solene e majestática, embora termine numa cadência interrompida.

Já o amor soa a uma dança. Mas em que ritmo? Será uma valsa ou, lembrando *A Morte em Veneza*, uma barcarola, cheia de indolência e sensualidade? E não é que ressurge, de forma

9   Thomas Mann, "Einführung in den 'Zauberberg'", p 75.
10   *Ibid.*

O ESCÂNDALO DA DISTÂNCIA

inesperada, como uma espécie de coda, ao cabo do sonho-
-pesadelo que acomete Castorp após a tempestade de neve?

O timbre é igualmente fundamental; pois, tal como a
apresentação de uma melodia neste ou naquele instrumento
produz efeitos incrivelmente diferenciados, também o tema
da "morte" gera impressões distintas ao aparecer, por assim
dizer, a preto e branco, no susto do episódio da radiografia, ou
em tonalidades sangrentas, no pesadelo do episódio da neve.

E claro, os debates de Settembrini e Naphta asse-
melham-se a uma sonata. Nos primeiros capítulos, espraia-
-se garboso o tema iluminista. Mais adiante, opõe-se-lhe um
outro, insidioso e sombrio, que também seduz, embora não
como o primeiro, que empolga e vivifica, mas, apostando
em modelações o mais possível dissonantes, denunciando,
como fanfarronice vazia, o engenho previsível de transições
entre tonalidades relativas. A certa altura, é como se surgis-
sem encavalitados um no outro, por conta dos seus motivos
comuns. Por fim, ao cabo de um inesperado *crescendo*, a desavença culmina num duplo golpe de pratos, em *fortissimo*,
como dois tiros de pistola.

Importa, então, ouvir. Mas, se importa ouvir, importa
também *escutar* para além dos "temas", das "harmonias", dos
"ritmos", dos "timbres"; e importa interpretar, mais do que
simplesmente reconhecer, a forma. Ao que soa *A Montanha
Mágica* se ouvirmos o romance, reconhecendo o seu carácter
musical em toda a sua complexidade — como procedimento
literário, decerto, reconhecendo as suas recorrências temá-
ticas, mas também *fisiologicamente, psicologicamente, filosoficamente*? Que ecos — ou que sintomas — identificamos?
É saúde ou é doença que se manifesta? Ou é outra coisa? O tal
exaspero? O tal arrependimento? A tal hesitação?

Caracterizar a existência no sanatório como mórbida — mórbida num sentido epocal, que transcende o domínio de quaisquer doenças respiratórias — foi o que Mann, pela voz do narrador, pretendeu. Mais do que *dizer*, importaria *mostrar* essa morbidez, que se tornaria perceptível, a montante e a jusante de qualquer argumentação, na caracterização do "modo de vida horizontal". O mesmo se aplica à morbidez de Castorp, tão em sintonia com o seu tempo adoentado, que o jovem, mal entra no sanatório, se afigura o doente ideal. De novo, mais do que declarar esta afinidade entre Castorp e o sanatório, o narrador deseja mostrá-la. E, em larga medida, consegue. O modo como o anti-herói aceita o diagnóstico; o modo como é paciente; o modo como se esquece — tudo isso soa problemático. Mas, como vimos, o jovem também é um questionador nato... E as perguntas que faz, as hesitações que sente, as indecisões que experimenta, têm uma outra sonoridade, que talvez mereça uma nota de louvor. Como resolve o narrador este impasse?

No capítulo anterior, sublinhei a importância estratégica do capítulo da neve. Aqui, insisto de relance no não menos estratégico recurso à ironia. Erich Heller, que reservou para Mann o epíteto de "alemão irónico", observou que a conquista de uma certa "liberdade irónica"[11] por parte do escritor se dá, justamente, n'*A Montanha Mágica*. Não estava errado. Mas certeiro foi Harold Bloom, quando, sublinhando o aspecto paródico do romance, no qual convergem ironia e humor, se refere a "uma ironia que, no fundo, talvez não tenha sido senão indecisão"[12]. É à ironia que o narrador

---

11   Erich Heller, *Thomas Mann. The Ironic German*, p. 145.
12   Harold Bloom, "Introduction", in *Thomas Mann's The Magic Mountain*, ed. Harold Bloom (New York: Chelsea House Publishers, 1986), p. 1.

recorre sempre que está indeciso. Será a ironia uma máscara para a hesitação? Tudo isto carece de auscultação.

Desta perspectiva, o que neste livro se busca — tomando de empréstimo um conceito empregado por Derrida na sua leitura de *Ecce Homo* de Nietzsche — é uma leitura "otobiográfica" d'*A Montanha Mágica*: não a explicação da obra à luz do que o autor pensou, sentiu ou almejou, mas a sua *escuta*, que procura reconhecê-la nos seus não-ditos. Esses não-ditos, nos quais o autor nunca deixa de estar implicado, residem na ironia que encobre (e descobre) indecisões, na grandiloquência que vela (e revela) fragilidades, na coesão que tapa (e destapa) incoerências. Contudo, se não há dúvida de que o escritor se pôs no romance, e assim "compromete a sua vida e o seu nome nos seus escritos"[13], é igualmente verdade que as dissonâncias deste quase-testemunho contaminam, inevitavelmente, qualquer harmonia autobiográfica.

---

13 Jacques Derrida, *Otobiografias: O ensinamento de Nietzsche e a política do nome próprio*, trad. Guilherme Cadaval, Arthur Leão Roder e Rafael Haddock-Lobo (Copenhaga & Rio de Janeiro: Zazie, 2021), p. 27.

5
DISCOS E RADIOGRAFIAS

O ESCÂNDALO DA DISTÂNCIA

Ao longo da Segunda Guerra Mundial, Thomas Mann multiplicou-se em esforços de intervenção pública. Entre estes, ficaram célebres os seus discursos na BBC — mais de meia centena entre 1940 e 1945 —, nos quais se dirigia aos ouvintes alemães na sua própria língua, lançando invectivas contra o regime nazi e a sua guerra infame. Tornar possível a sua transmissão em território alemão não era tarefa fácil. Inicialmente, o escritor limitava-se a escrever o texto, que era enviado para Londres, na forma de um telegrama com até quinhentas palavras, onde, nos estúdios da BBC, era lido por um funcionário alemão e transmitido para a Alemanha. Mais tarde, a partir de Março de 1941, o próprio escritor fazia as leituras nos estúdios da NBC em Los Angeles; depois, o registo fonográfico da sua voz era enviado para Nova Iorque, sendo aí reproduzido ao telefone para Londres, onde era regravado e, finalmente, transmitido[1].

Ao escrever e ao dar voz a estes discursos com pouco mais de cinco minutos, Mann não deixava por mãos alheias os seus dotes de polemista, verberador e tribuno, esmerando-se em dotá-los de máxima precisão e acutilância. Conhecido pelos seus romances de centenas de páginas, o escritor revelou-se igualmente exímio na arte da concisão. Mas não é apenas de duração que se trata: também o tom tinha de mudar e mudou — mais veloz, enérgico, mordaz. Entendidos nessa dupla óptica, da duração e do tom, poderíamos encarar estes objectos, como Christoph Bieber propôs, como antepassados do *podcast*[2]. Mann, o autor dos quatro

---

1   Thomas Mann, *Deutsche Hörer! Radiosendungen nach Deutschland aus den Jahren 1940 bis 1945* (Frankfurt am Main: S. Fischer, 1987).
2   Christoph Bieber, "When Thomas Mann Invented Podcasting", 15 de Agosto de 2022, publicado em www.medium.com (consultado pela última vez a 1 de Julho de 2024).

volumes de *José e os Seus Irmãos*, seria também um precursor das novas formas de comunicação. Foi no campo mediático que o escritor enfrentou a máquina de propaganda de Hitler.

E que tem isto a ver com *A Montanha Mágica*? Nada — se levássemos à letra o que o narrador afirma logo na Proposição, a saber, que "só o que vai ao fundo das questões é verdadeiramente capaz de entreter", pelo que o relato "em pormenor, de forma exacta e minuciosa" é conveniente (18). Tudo — se dermos ouvidos a uma intuição de Theodor W. Adorno, expressa em "Para um Retrato de Thomas Mann", segundo a qual a obra do escritor só começaria verdadeiramente a desdobrar--se "quando se prestar atenção ao que não vem nos manuais".

> O teor de uma obra de arte começa onde a intenção do autor acaba. [...] A descrição do enxame de faíscas geladas no eléctrico de Munique ou da gaguez de Kretzschmar — "sabemos fazer essas coisas", disse-me Mann uma vez, rejeitando o elogio que lhe fizera — supera toda a metafísica oficial de artista nos seus textos, toda a negação da vontade de viver, até mesmo a última frase em negrito no capítulo da neve d'*A Montanha Mágica*. Compreender Thomas Mann: o verdadeiro desdobramento da sua obra só terá início quando se prestar atenção ao que não vem nos manuais. Não que eu ache que poderia interromper a interminável série de dissertações sobre a influência de Schopenhauer e Nietzsche, sobre o papel da música, ou sobre o que é discutido em seminários sob o título de "o problema da morte". Mas gostaria de suscitar algum desconforto em relação a tudo isto.[3]

---

3 Theodor W. Adorno, "Zu einem Porträt Thomas Manns", in *Noten zur Literatur* (Frankfurt am Main: Suhrkamp, 2003), p. 336.

O filósofo, que partilhara com o escritor o destino de *emigré* na Califórnia, e que com ele colaborara, emprestando a sua *expertise* musical à redacção das páginas consagradas ao labor criativo de Adrian Leverkühn em *Doutor Fausto*, busca aqui algo simples: resgatar Mann ao seu encómio, no contexto do qual se encaixava *A Montanha Mágica*, com referências batidas ao seu teor filosófico e musical, na tradição do "romance de formação".

Espantar-se-ia Mann com esta aposta hermenêutica? Talvez sim, talvez não. Por um lado, a julgar pelo relato de Adorno, terá sacudido o seu elogio com um jocoso encolher de ombros. Descrever eléctricos? Sim, "sabemos fazer essas coisas". Por outro lado, a minúcia com que, nos seus romances, e n'*A Montanha Mágica* em particular, se debruçou sobre certos avanços da ciência e da técnica, esmiuçando as suas implicações para a experiência e a imaginação, revela uma atenção, um cuidado e um empenho que transcendem, em larga medida, a mera curiosidade.

O teor de uma obra de arte começa onde a intenção do autor acaba. Com esta frase, Adorno acentua a independência da obra em relação ao autor. Mas, com ou sem intenção, também dá a entender que elas se tocam. Sem dúvida, o teor objectivo e a intenção subjectiva são independentes, mas, ainda assim, há um ponto, uma vez que uma acaba *onde* a outra começa, em que se tocam. Em que medida fazem faísca é o que importa averiguar.

UMA TRADIÇÃO MENOS CONHECIDA

No diário de Thomas Mann, encontramos na entrada de 10 de Fevereiro de 1920, no rescaldo de uma viagem de duas semanas ao Lago Starnberg, o seguinte apontamento:

> O ponto alto da visita: um gramofone superlativo, que passei o tempo todo a usar... A abertura de *Tannhäuser*. *La bohème*. O final de *Aida* (uma *Liebestod* italiana). Caruso, Battistini, Madame Melba, Titta Ruffo, etc. Um novo tema para *A Montanha Mágica*, uma descoberta rica tanto pelas suas *possibilidades intelectuais* quanto pelo seu *valor narrativo*.[4]

Terá sido por estes dias que a secção "Plenitude de harmonia", abordada no capítulo anterior, foi escrita. Indicam-no não apenas o seu tema — a chegada do gramofone ao sanatório — mas sobretudo os excertos musicais evocados, alguns dos quais coincidem com os discos ouvidos pelo próprio escritor nesta ocasião. Eis o parágrafo que introduz a secção no romance:

> Qual foi a aquisição e inovação do sanatório Berghof que libertou o nosso amigo de há anos do tique das cartas e o lançou nos braços de uma outra paixão, mais nobre, se bem que, no fundo, não menos estranha? Estamos prestes a contá-lo, repassados dos encantos secretos do tema e *sinceramente ansiosos* por o transmitir. (740 [itálicos meus])

4   Thomas Mann, *Diaries, 1918-1939*, trad. Richard e Clara Winston (New York: H. N. Abrams, 1982), p. 84 [itálicos meus].

O ESCÂNDALO DA DISTÂNCIA

No diário, o escritor evoca o "valor narrativo" e as "possibilidades intelectuais" do gramofone; no romance, pela voz do narrador, confessa-se "sinceramente ansioso" por relatar as aventuras do herói com o aparelho que, nas palavras grandiloquentes de Behrens, constitui "a alma alemã *up to date*" (742). Ao contrário do que se poderia pensar, à luz da contumácia com que Mann opusera a cultura (germânica) à civilização (ocidental) nas *Reflexões de um Apolítico*, não é necessariamente à segunda, aos ventos filisteus do progresso internacional, que a tecnologia se vê associada no romance.

É comum, como vimos, enquadrar *A Montanha Mágica* num conjunto de tradições: a filosófica, de Kant a Nietzsche, com as suas elucubrações sobre o tempo, a vida e morte; a musical, reconhecendo o perigo da arte dos sons, mas também a sua centralidade existencial e artística; a romântica, animada pela sugestão de uma afinidade entre doença e lucidez; ou mesmo a mitológico-religiosa-mística, com o seu simbolismo, a sua obsessão pelo número sete, terminando na *séance* em que Joachim, já falecido, reaparece trajado de soldado[5].

Neste contexto interpretativo, desde o estudo de Hermann J. Weigand de 1933 até aos nossos dias, a referência a artefactos tecnológicos e descobertas científicas foi sendo enquadrada, muito simplesmente, como um elemento, digamos assim, de cor local e epocal. Em contrapartida, nas últimas décadas, surgiu uma linha de interpretação mais sensível à questão tecnológica. Segundo Sara Danius, para quem o modernismo é inseparável de uma crise dos sentidos gerada pela tecnologia, *A Montanha Mágica* integra

---

5   Sobre esta ultima tradição, leia-se Lotti Sandt, *Mythos und Symbolik im Zauberberg von Thomas Mann* (Bern: P. Haupt, 1979).

uma tradição literária coeva, ao lado de *Ulisses* de Joyce e de *Em Busca do Tempo Perdido* de Proust, que enfrenta as transformações da vida moderna, o surgimento de transportes de alta velocidade, a emergência de aparelhos de captação, registo, transmissão, manipulação ou reprodução do som e da imagem, com aplicações na indústria, no comércio, na medicina, na comunicação e na arte. Especificamente em relação a *A Montanha Mágica*, Sara Danius sublinha que o romance "se inscreve nos debates sobre as relações entre *Kultur* e tecnologia que prevaleceram na Alemanha da República de Weimar", sendo a estética do escritor inseparável "de tecnologias visuais conducentes a novos espaços ópticos e a novos reinos do saber, bem como de tecnologias de reprodução que permitiram a produção em massa de artefactos culturais"[6].

Danius não esteve sozinha neste diagnóstico. Para Jochen Hörisch, o primeiro a discutir a questão tecnológica n'*A Montanha Mágica*, o romance constitui uma tentativa de "renegociar a relação entre corpo e espírito ou entre carne e sentido sob as condições tecnológicas modernas"[7]. De facto, importa ter em conta, como sublinha Karla Schultz, que Castorp cresce numa "era de ciência explosiva e velocidade acelerada, em que se mede a luz e penetra a matéria"[8]. Já Erik Downing, centrando-se no domínio visual, defende que a fotografia impregna e transforma a própria noção de *Bildung*[9].

---

6   Sara Danius, *The Senses of Modernism: Technology, Perception, and Aesthetics* (New York: Cornell University Press, 2002), pp. 56-7.

7   Jochen Hörisch, "'Die Deutsche Seele up to date': Sakramente der Medientechnik auf dem *Zauberberg*", *Arsenale der Seele: Literatur- und Medienanalyse seit 1870*, eds. Friedrich Kittler e Georg Christoph Tholen (Munich: Fink, 1989), p. 18.

8   Karla Schultz, "Technology as Desire: X-Ray Vision in *The Magic Mountain*", in *A Companion to Thomas Mann's* Magic Mountain, ed. Stephen D. Dowden (Columbia, SC: Camden House, 1999), p. 160.

9   Erik Downing, "Photography and *Bildung* in *The Magic Mountain*", in *Thomas Mann's*

Geoffrey Winthrop-Young resume o caso da seguinte maneira:

> Este romance é um dos textos literários mais profundos alguma vez escritos sobre a cultura da tecnologia moderna. É nada menos do que um *Gravity's Rainbow* pré--guerra, um primeiro épico pós-industrial, que, provavelmente, tem coisas mais importantes a dizer sobre a vida sob condições eléctricas do que sobre quaisquer dos temas tradicionais pelos quais Mann é famoso — amor e humanidade, arte e vida, *Bildung* e declínio, ironia e identidade, ou o que quer que se espera encontrar na literatura alemã séria. [...] Mas, apesar da dimensão e diversidade dos estudos existentes, muito poucos críticos levaram a sério o que o próprio romance leva muitíssimo a sério: a chegada e o impacto de novas tecnologias de mediação.[10]

É em diálogo com estes trabalhos, procurando reavivar o desconforto de que falou Adorno, e indo além do que propus nos capítulos anteriores, que me debruçarei sobre o aspecto tecnológico d'*A Montanha Mágica*. O tema, aliás, é crucial neste livro — tanto que, por meio do seu aprofundamento, retomarei paulatinamente a pergunta que lhe serve de fio condutor: a pergunta pela boa distância do pensamento e da escrita em relação ao seu tempo, um tempo cujas condições materiais e espirituais são inseparáveis do estádio da técnica.

The Magic Mountain: *A Casebook*, ed. Hans Rudolf Vaget (Oxford: Oxford University Press, 2008), p. 45.
10   Geoffrey Winthrop-Young, "Magic Media Mountain", p. 30.

ENCONTROS TECNOLÓGICOS

O episódio do gramofone é relativamente tardio, surgindo sensivelmente a meio do sétimo e último capítulo. Contudo, não é de todo o primeiro momento em que a tecnologia se insinua no romance. Logo no dia que se segue à sua chegada, Castorp depara-se, na sala de convívio do sanatório, com um conjunto de instrumentos ópticos.

> Havia alguns instrumentos ópticos para distracção no primeiro salão: um estereoscópio através de cujas lentes se viam as fotografias colocadas no interior, por exemplo, um gondoleiro veneziano, numa presença física imóvel e exangue; um caleidoscópio em forma de telescópio, de cuja lente se aproximava um olho, para, manejando ao de leve uma roda, fazer aparecer estrelas e arabescos coloridos numa alternância mágica; finalmente, um tambor rotativo, em que se punham fitas cinematográficas e através de cujas aberturas, se se olhasse de lado, podia observar-se um moleiro à pancada com um limpa-chaminés, um mestre--escola a castigar um rapaz, um funambulista aos saltos e um casalinho de camponeses a dançar um *ländler*. (110)

Começa assim, com dispositivos concebidos para a visão, capazes de animar, gerar e reproduzir imagens, o cortejo de encontros com o mundo novo — por enquanto, mais pitoresco do que admirável — da tecnologia. Não por acaso, quando o narrador, mais de quinhentas páginas adiante, anuncia a chegada dessa "cornucópia transbordante de prazeres artísticos alegres e melancólicos" (741) que é o gramofone, é o contraste com aqueles instrumentos encontrados

O ESCÂNDALO DA DISTÂNCIA

por Castorp vários anos antes que lhe serve de termo de comparação.

> Um brinquedo engenhoso, então, do tipo do estereoscópio, do caleidoscópio em forma de óculo e do tambor cinematográfico? Sim — e, por outro lado, não, de maneira nenhuma. É que, primeiro, não se tratava de um instrumento óptico, mas sim de um instrumento acústico [...]; e, além disso, aquelas atracções ligeiras de maneira nenhuma podiam comparar-se quanto à classe, nível e valor. Não se tratava de uma prestidigitação infantil e monótona de que todos estavam fartos e em que já ninguém tocava, mal se tinha em cima do lombo três semanas que fossem. Era uma cornucópia transbordante de prazeres artísticos alegres e melancólicos. Era um aparelho de música. Era um gramofone. (741)

Esta direcção — da visão à audição, do mundo exterior ao mundo interior, do espectáculo colectivo à experiência individual — sugere uma hierarquia. Em *The Audible Past*, Jonathan Sterne baptizou-a — a uma tal visão hierárquica dos sentidos e das artes — de "litania audiovisual", notando como o seu discurso "idealiza a escuta [...] como manifestação de uma espécie de pura interioridade"[11]. A julgar pelo modo como apresenta o gramofone, e como descreve mais adiante a experiência de escuta de Castorp, o narrador d'*A Montanha Mágica* é, em larga medida, um representante desta visão.

---

11 Jonathan Sterne, *The Audible Past: Cultural Origins of Sound Reproduction* (Durham & London: Duke University Press, 2003), p. 15.

A experiência no cinematógrafo, que pouco ou nada entusiasma o herói, confirma este diagnóstico. Não que às imagens falte um acompanhamento musical, pois lá se escutaria "uma musiquinha, que aplicava a sua divisão do tempo presente às aparições fugidias do passado" (374). Mas é como se esta música, justamente na medida em que permanece acompanhamento, não servindo senão para "arrebicar" os "malabarismos" da acção — "uma história agitada de amor e assassínio, que se desenrolava em silêncio na corte de um déspota oriental" (374) —, se visse restringida no seu potencial, revelando-se, nestas circunstâncias, incapaz de resgatar o espectáculo ao desconforto que imperaria no final:

> O silêncio da multidão depois da ilusão tinha algo de inerte e repugnante. As mãos jaziam impotentes diante do nada. As pessoas esfregavam os olhos, olhavam fixamente em frente, envergonhavam-se com a claridade e desejavam regressar ao escuro, para verem outra vez o espectáculo, para verem outra vez acontecer coisas que tinham tido o seu tempo transplantadas para um tempo novo e arrebicadas com música. [...] Estava-se presente em tudo; o espaço estava aniquilado, o tempo recuara, o ali e o outrora tinham-se transformado num aqui e agora que se esgueirava em malabarismos, envolvidos em música. (375)

É por contraste com os sortilégios do espectáculo cinematográfico, sem falar nas ilusões do estereoscópio e do caleidoscópio, que o gramofone conquista o favor de Castorp. No entanto, o que é realmente significativo, pois demonstra que é sem preconceitos que o narrador toma o pulso do herói nestes seus encontros com objectos técnicos, é que seja no manuseio de um aparelho de reprodução mecânica do som — e não assistindo a concertos ao vivo, que também os houve no sanatório — que o valor e o poder extraordinários da música são postos em evidência. A manutenção de uma hierarquia entre os sentidos e as artes vê-se acompanhada por uma elevação cultural da tecnologia.

GRAMOFONE

Winthrop-Young chamou ao episódio do gramofone "a maior experiência fonográfica da literatura"[12]. Tendo já abordado, no capítulo anterior, a dimensão musical dessa experiência, deter-me-ei agora nas páginas anteriores à descrição da escuta dos discos favoritos de Castorp. É o fascínio de Castorp pelo *aparelho* de música que aqui me interessa.

O gramofone transforma — e, ao transformar, enriquece — a escuta musical. Desde logo, permite uma "reprodução esmerada" [*ausgesuchter Wiedergabe*] (745) da música. A expressão é elogiosa, mas não hiperbólica. O narrador, portanto, prescinde da retórica da fidelidade, que tão comum era na época, e à qual tanto Jonathan Sterne[13] quanto Nicholas Cook[14] dedicaram páginas elucidativas, apostando ao invés numa fenomenologia da experiência fonográfica. Não deixando de sugerir que o facto de ser doravante possível assistir a concertos e recitais sem se deslocar a uma sala

12   Geoffrey Winthrop-Young, "Magic Media Mountain", p. 40.
13   Jonathan Sterne, "The Social Genesis of Sound Fidelity", *The Audible Past: Cultural Origins of Sound Reproduction* (Durham & London: Duke University Press, 2003), pp. 215-286.
14   Nicholas Cook, "The Ghost in the Machine", *Beyond the Score: Music as Performance* (Oxford: Oxford University Press, 2013), pp. 337-373.

de espectáculos é por si só extraordinário, o narrador não mistifica o resultado da reprodução. Reconhece, por exemplo, que o volume sonoro é menor, especialmente no caso de obras sinfónicas, embora também assinale que, numa sala contígua, dificilmente se distinguiria a voz de um cantor da sua reprodução (743).

Mas o narrador vai mais longe, detendo-se num conjunto de subtis considerações. Por um lado, torna-se possível ao ouvinte conceber e organizar os seus próprios programas, bem como "improvisar" a escolha, um após o outro, do disco seguinte. Verifica-se, assim, um acréscimo de independência e de espontaneidade na escuta. Por outro lado, as gravações têm um efeito iluminador sobre as obras *e* as interpretações: no que toca às primeiras, revela relações de afinidade e de contraste entre as peças; no que tange às segundas, a possibilidade de repetir a audição e a distância em relação ao intérprete favorecem, na apreciação dos méritos e deméritos daquelas, a imparcialidade do ouvinte.

> Os cantores e as cantoras que ouvia, não os via, a sua forma humana encontrava-se na América, em Milão, em Viena, em São Petersburgo — ela que estivesse lá, porque o que ele tinha deles era o que tinham de melhor, a sua voz, e ele apreciava esta depuração e abstracção, que permanecia suficientemente sensível para lhe permitir um bom controlo humano, eliminando todos os inconvenientes de uma demasiado grande proximidade pessoal, e sobretudo quando se tratava de compatriotas, de alemães. Podia distinguir-se a pronúncia, o dialecto, a nacionalidade precisa dos artistas, as características da sua voz esclareciam alguma coisa sobre a envergadura espiritual de cada um, e, conforme

> aproveitavam ou desperdiçavam os seus recursos espiri-
> tuais, assim se revelava o seu nível de inteligência. (748-9)

Finalmente, a materialidade do disco, cujo selo contempla e de cuja capa retira, carinhosamente, mas sem se fazer rogado no uso, é salientada, o mesmo se aplicando ao posicionamento das agulhas, à sua troca cautelosa, permitindo o orgulho inócuo, ao qual Castorp não resiste sob o olhar benevolente do narrador, de quem excele no manuseio de uma engenhoca. Em tudo isto há cuidado manual e gozo espiritual, mas nenhum zelo religioso ou superstição fetichista, tanto que Castorp, "que mantinha em ordem o tesouro dos discos", também "escrevia o conteúdo dos álbuns na parte de dentro das capas" (748).

Por tudo isto, poderíamos evocar Benjamin — que, como sabemos, leu o romance — e mesmo arriscar que o ensaio sobre "A obra de arte na era da sua reprodutibilidade técnica", publicado mais de uma década depois, aprofunda e sistematiza algumas das intuições que encontramos esquiçadas naquele episódio[15]. Dito isto, também existem diferenças consideráveis. Em primeiro lugar, a ênfase de Benjamin é na reprodutibilidade da imagem — não na do som[16]. Em segundo lugar, onde Benjamin valoriza o aspecto colectivo — que seria

---

15   Walter Benjamin, "A obra de arte na época da sua possibilidade de reprodução técnica", trad. João Barrento, in *A Modernidade* (Lisboa: Assírio & Alvim, 2017), pp. 207-241.

16   Embora Benjamin refira de passagem alguns exemplos musicais, é indiscutível que o acento daquele ensaio é nas artes visuais. Sobre o apagamento da música na obra de Benjamin, leia-se Lutz Koepnick, "Benjamin's Silence", in *Sound Matters: Essays on the Acoustics of Modern German Culture*, eds. Nora M. Alter e Lutz Koepnick (New York: Berghahn Books, 2004), pp. 117-129. Sobre as implicações musicais da pesquisa benjaminiana sobre a reprodutibilidade técnica do som, leia-se o capítulo "Sentidos da Aura" do meu *Callas e os Seus Duplos: Metamorfoses da Aura na Era Digital* (Lisboa: Sistema Solar, 2023), pp. 31-51.

JOÃO PEDRO CACHOPO

um dos ingredientes fundamentais do declínio da aura —, Mann considera-o suspeito. Daí o grande contraste entre a experiência do gramofone e a visita ao cinematógrafo, no contexto da qual o espectador ficaria retido na dimensão espectacular da experiência audiovisual.

RADIOGRAFIA

Para reconhecermos, em todas as suas implicações, a importância da tecnologia n'*A Montanha Mágica*, temos de ir além da fonografia e da cinematografia. Na verdade, temos de ir além do campo das artes. É no episódio da radiografia — logo no âmbito de um cruzamento com o campo da medicina — que o papel da tecnologia moderna, como mediadora da formação do protagonista, se torna absolutamente evidente. E logo no que toca à questão candente da morte.

Como vimos, Castorp vivera rodeado de morte. Era muito novo quando a mãe e o pai morreram, e, pouco depois, o avô. Daí em diante, o menino cresceu no clima sombrio de Hamburgo, ao cuidado de um familiar honesto mas distante. Tudo isso explica que, desde o princípio da sua estada no sanatório, o jovem se sinta em casa. Mas — pergunte-se agora — como é que Castorp se encontra, de forma plena e consciente, implicando-se subjectivamente, com a morte? Ora, o narrador não se coíbe de responder de forma directa a esta questão, destacando, como gatilho dessa reviravolta existencial, o frente-a-frente com as radiografias do primo e de si mesmo.

O ESCÂNDALO DA DISTÂNCIA

"Está a ver o coração dele?", perguntou o conselheiro, levantando de novo da coxa a mão gigante e apontando com o indicador para a suspensão palpitante... Santo Deus, era o coração, o coração pundonoroso de Joachim que Hans Castorp estava a ver! [...]

Ouvira falar de uma parente há muito falecida do lado dos Tienappels — dizia-se que ela fora dotada ou amaldiçoada com um dom penoso, que suportava com humildade, e que consistira em as pessoas destinadas a morrer muito em breve aparecerem aos seus olhos na forma de esqueletos. Era assim que Hans Castorp via agora o bom Joachim, se bem que com a ajuda e sob os auspícios da ciência física e óptica. [...]

[P]oucos minutos depois, era ele próprio que estava no pelourinho em plena tempestade. [...] [Behrens] teve ainda a amabilidade de permitir que o doente observasse a sua própria mão através do ecrã, já que ele pedira insistentemente para fazer isso. E Hans Castorp viu o que não podia ter deixado de esperar, mas que, na realidade, não está destinado a ser visto pelo ser humano e que ele também nunca teria pensado que lhe estivesse destinado ver: lançou um olhar ao seu próprio túmulo. [...] Com os olhos daquela antepassada Tienappel, viu uma parte familiar do seu corpo, com olhos penetrantes e clarividentes, e, pela primeira vez na vida, compreendeu que havia de morrer. Fez uma cara como costumava fazer ao ouvir música — bastante estúpida, sonolenta e devota, com a cabeça, de boca semiaberta, inclinada para o ombro. (262-4)

O espanto que se apodera de Castorp não é de ordem meramente estética, como diante do estereoscópio ou do caleidoscópio, os quais, ao cabo de poucas utilizações, convidam ao bocejo escancarado. Sim, é de boca semiaberta e descaída, como quando ouve música, mas também de olhos arregalados, vidrados de susto, desamparo e lucidez, que Castorp encara a radiografia. Pois é ao contemplá-la, e ao contemplar-se nela, reduzido a um esqueleto, na fotografia invertida das suas entranhas, nas quais o vislumbre antecipado do cadáver assume uma presença escandalosamente intuitiva, que Castorp compreende — que Castorp vê — que vai morrer.

A descoberta dos raios-X data de 1895. Enquanto estudava raios catódicos, Wilhelm Conrad Röntgen (1845-1923), um físico e engenheiro alemão, deu-se conta de que estes se propagavam para fora da ampola de Crookes, quando esta era atravessada por corrente eléctrica, gerando luminescências em placas de platinocianureto de bário. Ao cabo de algumas experiências, durante as quais experimentou trocar estas placas por chapas fotográficas, tornou-se patente que estes raios, capazes de atravessar a carne e gerar impressões fotográficas, revelavam a ossatura do corpo e objectos metálicos que se encontrassem em torno ou dentro dele. A primeira radiografia seria a da mão da sua mulher, Anna Bertha Röntgen, onde é visível um anel. A paciente terá reagido com palavras semelhantes às que o escritor atribui ao narrador, ao descrever a perplexidade de Castorp, como se tivesse encarado a própria morte.

A radiografia gerou uma autêntica revolução na medicina, em especial nos domínios do diagnóstico e da autópsia. Fracturas ósseas, cáries dentárias e lesões pulmonares tornavam-se milagrosamente visíveis. Mas as implicações desta descoberta, que valeria ao cientista o Prémio Nobel da Física em 1901, não são apenas práticas: afectaram

O ESCÂNDALO DA DISTÂNCIA

o modo como se concebe o corpo, a relação entre o seu interior e o seu exterior, e como se imagina a morte. Como Nanna Lenander notou, há um paradoxo na visão radiográfica: por um lado, ela perscruta o que é invisível ao olho humano; por outro, adultera-o, invertendo cromaticamente a imagem. É este paradoxo que explica a peculiaridade e a maleabilidade das suas conotações simbólicas no domínio das artes e da literatura[17].

Voltemos à *Montanha Mágica*, e abordemos o que aqui me parece mais digno de nota. O escritor, para quem a simpatia pela morte é um traço fundamental da personagem, não situa o seu encontro com a mortalidade, em sentido forte, no quadro de leituras filosóficas, de pesquisas científicas ou de diálogos peripatéticos — que, porém, abundam no romance. Ao invés, é no contexto da visita a um laboratório radiográfico que a revelação acontece. Assim, falando de cultura *e* tecnologia, já não se trata de mostrar que a segunda vem enriquecer a experiência das artes. Trata-se de reconhecer no encontro com a tecnologia um momento capital da formação do protagonista: a radiografia é, para Castorp, a faísca que desencadeia o reconhecimento da sua condição mortal.

Neste aspecto, o episódio da radiografia lança luz sobre os da projecção cinematográfica e da sessão fonográfica. Em qualquer deles, é a efemeridade da existência temporal — daquilo que, no caso do ser humano, inclina inexoravelmente para a morte — que se manifesta. Em ambas, a efemeridade do que *aconteceu* é salientada; que os traços do que *foi* fiquem ali gravados — na película ou na ebonite

---

17 Nanna Lenander, *X-ray Aesthetics: Radiographic Vision in* The Magic Mountain *and* Painting, Photography, Film (Master Thesis), University of Oslo, 2021.

— realça ainda mais o seu desaparecimento. Mas o reconhecimento desta fragilidade ontológica não tem de ser abismal. E, nisso, a materialidade ôntica do disco e do gramofone pode revelar-se vantajosa.

Dito de outro modo: se podemos, lembrando Heidegger, reconhecer no episódio do gramofone um vislumbre do "ser para a morte", também podemos, lembrando Benjamin, atribuir ao dispositivo técnico a capacidade de filtrar e desmistificar esse vislumbre. De facto, a almejada auto--superação do protagonista consiste em reconhecer-se mortal, mas, simultaneamente, capaz de resistir à tentação de outorgar a um tal reconhecimento — no que o gramofone garantiria uma certa distância — um estatuto sentencioso. A tecnologia surge aqui como uma espécie de escudo que permite a Castorp fintar o olhar de medusa que é para ele a simpatia pela morte.

FOTOGRAFIA

E se, além de musical e filosófico, *A Montanha Mágica* fosse também um romance fotográfico? É o que propõe Erik Downing. A técnica fotográfica, do momento da exposição ao momento da revelação, permitiria caracterizar não apenas a experiência do protagonista — a formação do carácter, o trabalho da memória, a engrenagem do desejo —, mas também a sua descrição literária. Downing leva às ultimas consequências esta intuição. Jogando com o conceito de *Entwicklung* — que significa em alemão "desenvolvimento", mas também, no âmbito da fotografia, "revelação" —, o autor caracteriza *A Montanha Mágica* como um *Entwicklungsroman*.

Que esta categoria, "romance de revelação", deva substituir ou simplesmente complementar a de "romance de formação" é algo que Downing deixa em aberto: *"A Montanha Mágica* é e, simultaneamente, não é um *Bildungsroman*, e, provavelmente, é ao deixar-nos assim suspensos, entre o velho e o novo, entre a *Bildung* e a *Entwicklung*, que Mann é mais igual a si mesmo"[18]. Certo é que, a ser um *Bildungsroman*, a formação não permanece incólume à reprodutibilidade técnica de imagens [*Bilder*][19]. Não seria, então, fortuito que o Dr. Krokowski, na sua aparição inicial, apareça fardado de fotógrafo, tal como não seria um acaso o contraste entre as batas preta e branca, respectivamente, de Krokowski e Behrens. Tão-pouco seria anódina a sugestão segundo a qual o que ficou gravado na memória só se *revela* mais tarde — como quando o semblante do avô se *revela*, na sua parecença com o retrato pintado, no leito de morte (46), ou quando a imagem de Clavdia se *revela*, na sua parecença com a imagem de Hippe, em sonhos (118). Assim, a fotografia sela outro vínculo significativo no romance: entre o trabalho da escrita e o trabalho do inconsciente, entre literatura e psicanálise.

Para Hans, ainda criança, a imagem "original" do avô é a da pintura. Já no sanatório, Castorp adquire certos gestos do avô — por exemplo, a tendência para disfarçar um tremor na nuca abanando a cabeça, sendo significativo que este tique ressurja escassos momentos antes da recordação de Hippe (149). Das implicações psicanalíticas da metáfora fotográfica é

18 Erik Downing, "Photography and *Bildung* in *The Magic Mountain*", p. 68.
19 Sublinhe-se, de passagem, que a palavra "formação" (*Bildung*) remete literalmente para o domínio das imagens (*Bilder*).

o caso de Hippe, de resto, paradigmático. A imagem do jovem, como objecto de desejo, só se *revela* enquanto tal, com o reconhecimento de que Hippe é, por assim dizer, o *cliché*, para usar a expressão no seu sentido técnico original, do qual Chauchat é uma reprodução tardia. Chauchat (a atracção por Chauchat) é uma cópia de Hippe (da atracção por Hippe).

Há um outro aspecto associado à fotografia que merece aqui atenção: o facto de a fotografia representar a realidade a preto *e* branco. Esta alternância entre o preto *e* branco tem ressonâncias decisivas no caso de Chauchat e Hippe, na medida em que aponta para a oscilação e a complementaridade entre masculino e feminino, heterossexualidade e homossexualidade, sendo crucial que, na caracterização do desejo e da memória de Castorp, a ênfase seja colocada justamente na oscilação e na complementaridade — e não na oposição. Explorando a fundo esta questão, Downing associa a coloração binária da fotografia à androginia do desejo. Assim, a hipótese de uma "formação fotográfica" — capaz de reconhecer as ambivalências do desejo, os cambiantes da memória e as ambiguidades do real — é também uma formação que escapa ao esquema edipiano da formação tradicional, associada à figura de Settembrini.

Há, de facto, um triângulo edipiano formado por Castorp, Chauchat e Settembrini — ou, por vezes, Behrens. Este último, além disso, é o autor das duas "imagens cardeais" de Chauchat: a radiográfica e a pictórica. Assim, se é verdade que cabe a Settembrini e a Behrens o papel, respectivamente, de pedagogo e de médico — e, em relação a Chauchat, de censor e de adversário —, papel no qual o recurso, ora literal ora metafórico, à técnica fotográfica se verifica[20], é também verdade que um tal esquema formativo, erigindo o sujeito masculino, heterossexual e burguês como paradigma, é o que uma formação alternativa, fotográfica neste sentido peculiar, vem perturbar.

CULTURA E TECNOLOGIA

É à radiografia e à fonografia que o jovem aprendiz deve as iluminações fulcrais no seu amadurecimento intelectual. N'*A Montanha Mágica*, portanto, e como já referimos, cultura *e* tecnologia vão de mãos dadas. Mas Mann não foi o único escritor e intelectual, nessas primeiras décadas do século xx, para quem a separação entre tradição cultural e desenvolvimento tecnológico deixara de fazer sentido. A curiosidade e o entusiasmo pela tecnologia foi um fenómeno culturalmente complexo e politicamente delicado nesse período. No contexto alemão — do final do Império Alemão e da República de Weimar ao Terceiro Reich —, ganhou particular relevância a corrente, que Jeffrey Herf designou por "modernismo reaccionário", na qual convergiram, de forma paradoxal, o elogio nostálgico dos valores da tradição cultural alemã, temperado por um desprezo arreigado pelos valores do iluminismo francês, e o louvor futurista do avanço tecnológico. Para estes "modernistas reaccionários" — entre os quais Herf inclui Erst Jünger, Carl Schmitt e Oswald Spengler —, a Alemanha podia e devia ser em simultâneo tradicional e avançada.

---

20   De facto, Settembrini compara o *formando*, não com uma folha em branco mas com uma folha cheia de inscrições, descrevendo o papel do *formador* como o de "desenvolver [*entwickeln*] o bom" (128) em detrimento do mau.

Antes e depois da tomada do poder pelos nazis, uma corrente importante dentro da ideologia conservadora e posteriormente nazi foi uma reconciliação entre as ideias antimodernistas, românticas e irracionalistas presentes no nacionalismo alemão e a manifestação mais óbvia de uma racionalidade de meios e fins, ou seja, a tecnologia moderna. [...] Onde os conservadores alemães falavam de tecnologia *ou* cultura, os modernistas reaccionários ensinaram a Direita alemã a falar de tecnologia *e* cultura.[21]

Dir-se-ia, equivocadamente, que Mann esteve próximo deste ideário. Também ele fala de tecnologia *e* cultura; também ele, entre 1914 e 1918, louvara a guerra e distinguira entre cultura e civilização. Contudo, há diferenças cruciais. Nem o intelectual conservador das *Reflexões de um Apolítico*, nem o democrata humanista de "Sobre a República Alemã", manifestando interesse pela tecnologia, o fez entusiasmado com a robustez e a velocidade maquínicas que tanto entusiasmaram, por exemplo, Marinetti. Mann jamais aderiu à glorificação da máquina. E, se é verdade que louvou a guerra, não o fez, como Jünger, com base num fascínio pelo carácter sublime de tempestades de metal.

Alterando-se o posicionamento político do escritor na década de 1920 — e aí, nesse período, o quiasma entre os dois escritores é evidente, pois Jünger permaneceu um crítico acérrimo da República de Weimar —, a irredutibilidade de Mann ao modernismo reaccionário torna-se ainda mais óbvia. Aliás, são de Mann as palavras que Herf

21   Jeffrey C. Herf, *Reactionary Modernism: Technology, Culture and Politics in Weimar and the Third Reich* (Cambridge University Press, 2003 [1984]), pp. 1-2.

O ESCÂNDALO DA DISTÂNCIA

toma emprestadas para descrever o perigo do pensamento nacional-socialista: "O aspecto realmente característico e perigoso do nacional-socialismo foi a sua mistura de uma modernidade robusta e de uma postura afirmativa em relação ao progresso combinadas com sonhos do passado: um romantismo altamente tecnológico."[22]

Qual é então a diferença fundamental entre a perspectiva de Mann e o *modernismo reaccionário*? Em comum, como vimos, têm a ideia de que não há contradição entre cultura e tecnologia. Contudo, no caso do modernismo reaccionário, há uma instrumentalização da tecnologia da qual Mann está decisivamente distante: a tecnologia estaria ao serviço do passado. Ora, além de se abster de panegíricos à vitalidade e ao poderio das máquinas, Mann despreza — nisso o seu conservadorismo sempre foi peculiar — a retórica dos "bons velhos tempos". Em "Sobre a República Alemã", o escritor recorda as *Reflexões de um Apolítico* como um livro "conservador", mas acrescenta, em tom de esclarecimento, "não ao serviço do passado e da reacção, mas sim pela causa do futuro"[23]. Quatro anos mais tarde, fala de um "conservadorismo do futuro" [*Zukunftskonservatismus*], e descreve-o como "desprovido de qualquer atavismo", o qual, "de olhos fixos no novo, joga com formas culturais passadas para as resgatar do esquecimento"[24].

Se o *modernismo reaccionário*, devido a um apego atávico à tradição, imagina a tecnologia como uma arma explosiva capaz de conquistar o futuro por mor do passado,

---

22 Citado em *ibid.*, p. 2.
23 Thomas Mann, "Sobre a República Alemã", *Um Percurso Político*, p. 86.
24 Thomas Mann, *Gesammelte Werke*, vol. 9 (Frankfurt am Main: S. Fischer, 1974), p. 189.

Thomas Mann, apostando num enlace entre cultura *e* tecnologia, sonha-a como um anzol capaz de reapropriar o passado por mor do futuro.

PARA ALÉM DA FORMAÇÃO

O conceito que jamais desapareceu dos manuais que abordam *A Montanha Mágica* foi o de *Bildungsroman*. E também sobre ele tiveram os autores com os quais dialoguei neste capítulo uma palavra a dizer. Para Danius, urge alargar o conceito de romance de formação, relevando que as experiências tecnológicas de Castorp são momentos constitutivos da aprendizagem do herói. Downing é mais ambivalente. Embora afirme que *A Montanha Mágica* é e não é um romance de formação, apresenta, como categoria alternativa e complementar, o "romance de revelação" [*Entwicklungsroman*]. Mas houve quem adoptasse uma postura mais radical, alegando que a noção se tornou pura e simplesmente obsoleta. Nos antípodas do "romance de formação", *A Montanha Mágica* seria, isso sim — defende Winthrop-Young —, um "romance de re-formação" [*Umbildungsroman*].

> O que torna *A Montanha Mágica* numa obra de literatura tão extraordinária para os teóricos dos *media* é, portanto, que ela estabelece um vínculo entre a reeducação do paladar, do olfacto, do som e da visão e a chegada de novas tecnologias: é menos uma *éducation sentimentale* — e, portanto, menos um *Bildungsroman* — do que uma *éducation des sens*. Esta re-formação ou *Umbildung* dos sentidos

ocorre no contexto de diferenciações no processamento de informação, durante as quais dados visuais e acústicos deixam a página impressa e adquirem as suas próprias tecnologias. [...] Programada pelo algoritmo goetheano para resultar no desdobramento de um núcleo de personalidade, a *Bildung* estava ligada a uma mistura harmoniosa de experiência mundana com educação derivada da leitura dos livros adequados. *A Montanha Mágica* não quadra com o cliché.[25]

Winthrop-Young toca num ponto fundamental, o qual nos ajuda a compreender por que motivo o desdobramento deste romance depende de *se prestar atenção ao que não vem nos manuais*. Pois o que não vem nos manuais não é apenas a tecnologia — que, a bem dizer, foi surgindo em vários estudos nas últimas décadas. O que não vem nos manuais é o reconhecimento da radicalidade e da profundidade do impacto destes objectos técnicos, tal como subtilmente se manifesta nas entrelinhas d'*A Montanha Mágica*, na sensibilidade e na imaginação de Castorp — impacto que não seria absurdo caracterizar como uma "torção dos sentidos".

Mais importante do que optar entre o alargamento, a revisão ou o abandono do conceito de *Bildungsroman* é explicitar, não apenas *que* o romance acolhe a tecnologia, mas também *como* o faz. Que *A Montanha Mágica* acolhe a tecnologia é evidente. E que a mostra: mostra-a naquilo que entusiasma (*e.g.*, o gramofone); mostra-a naquilo que frustra (*e.g.*, o caleidoscópio); mostra-a naquilo que ameaça (*e.g.*, o obus). Mostra-a, além disso, naquilo que desorienta e

25 Winthrop-Young, "Magic Media Mountain", p. 49.

reorienta: o desejo, a memória, os afectos, a forma como se imagina a vida e a morte, a matéria e o espírito, o passado e o futuro. Mas, além disso, o romance experimenta. E, nessa experimentação — que é uma experimentação literária da tecnologia —, confrontando-se com os seus acertos e os seus triunfos, com os seus enganos e os seus perigos, com as suas promessas e as suas culpas, reconhecendo a sua extraordinária ambivalência, o escritor não recua. Hesita, mas não recua. Karla Schultz captou esta atitude experimental — oscilando entre adesão e censura — de forma exemplar.

> Nas equivalências do romance — na verdade, nos seus equívocos —, a tecnologia é magia e a magia — bem, a magia é dúbia. Ao deslumbrar os sentidos, separa-os da sua função sintética, deixando o corpo ao qual pertencem como se estivesse morto. A nova magia da tecnologia é, como o romance se esforça por demonstrar, perigosa. Mas também é eficaz. Atravessando a carne, alarga a visão humana; enche a alma, purificando o som. Deve-se resistir-lhe. Não: deve-se abraçá-la.[26]

É assim, de forma *experimental* e *ambivalente*, que *A Montanha Mágica* acolhe a tecnologia. Resiste-lhe e abraça-a; abraça-a e resiste-lhe. Encarnando o entusiasta *e* o céptico, o narrador — demasiado sóbrio para cantar loas aos prodígios do progresso inexorável, demasiado audaz para se esconder na poeira de arquivos e bibliotecas — esquiva-se a ambos.

---

26 Karla Schultz, "Technology as Desire", p. 162.

6
UM ROMANCE PARA O NOSSO TEMPO

O ESCÂNDALO DA DISTÂNCIA

Na exuberante composição que constitui *A Montanha Mágica*, surgindo nas suas mais variadas facetas, e abordado pelos mais diversos ângulos, a propósito quer do mais anódino quer do mais eminente revés narrativo, o tempo é, porventura, o grande tema do romance. Acrescendo à omnipresença de comentários sobre a experiência temporal de Castorp, há um conjunto de secções no romance nas quais o tempo é objecto de discussão explícita. Entre estas, destacam-se "Excurso sobre o sentido do tempo", "Sopa da eternidade e súbita clareza", "Transformações" e, finalmente, "Passeio na praia". Esta última merece particular atenção, pois é nela que surge, por duas vezes — as duas únicas ao longo de todo o romance —, o conceito de *Zeitroman*, que é comum traduzir por "romance do tempo" ou "romance de época".

O narrador começa por comparar, enquanto artes do tempo, a narrativa [*Erzählung*] e a música. O elemento temporal aproxima-as. No entanto, existe uma grande diferença entre elas. A música só teria um tempo, o seu próprio tempo, o tempo musical, ao passo que a narrativa teria dois tempos: o "tempo da narrativa", o tempo real que a aparenta à música, e o "tempo da história", o tempo daquilo que é narrado, que pode ser mais curto ou mais longo, sem que o tempo da narrativa se altere. Dito de outro modo: num mesmo lapso de tempo — num qualquer segmento de texto que demore, por hipótese, cinco minutos a ler (comparável, portanto, a uma peça que durasse cinco minutos a tocar) — cabem, como conteúdo narrado, ora esses mesmos cinco minutos, ora cinco segundos, ora cinco anos, conforme o narrador se detenha escrupulosamente na descrição de pormenores ou sobrevoe, em sumários, um vasto painel de acontecimentos.

É na esteira desta distinção que o narrador apresenta a ideia que mais lhe interessa acentuar e à qual a noção de *Zeitroman* empresta clareza: que é lícito atribuir à narrativa, uma arte temporal, a capacidade de narrar o próprio tempo.

> [T]orna-se claro que o tempo, que é o elemento da narrativa, também pode tornar-se em *seu objecto*; e, mesmo que fosse demasiado dizer que pode "narrar-se o tempo", querer narrar coisas *sobre o tempo* não é, manifestamente, um projecto assim tão absurdo como, de início, nos queria parecer — de modo que, assim, à designação de "romance de época" [*Zeitroman*] poderia ver-se atribuído um duplo sentido singularmente sonhador. De facto, só formulámos a pergunta sobre se era possível narrar o tempo para confessar que é, efectivamente, o que temos em vista com história presente. (630-1)

O propósito do romance seria justamente esse: narrar o tempo. Mas narrar o tempo na óptica de Castorp. É o "efeito de perspectiva" de que fala Ricoeur, em *Tempo e Narrativa*, o qual seria fundamental para comunicar a experiência maior deste romance: "o debate interior do herói com a perda do sentido do tempo"[1]. De facto, como vimos, é de forma mórbida, em consonância com o quotidiano do sanatório, que o herói — muito pouco heróico nesse aspecto — vivencia a temporalidade. A sua experiência no sanatório suíço convida à compressão da narrativa, contaminando-a — sugere o narrador — com um elemento doentio. Pois, tal

---

1 Paul Ricoeur. *Temps et récit, tome 2: La configuration dans le récit de fiction* (Paris: Seuil, 1984), p. 215.

como é possível alongar-se em pormenores, é igualmente possível "que o tempo do conteúdo da narrativa ultrapasse desmedidamente a duração desta, por um processo de redução — dizemos 'por um processo de redução' para indicar um elemento ilusório ou, para sermos perfeitamente claros, um elemento mórbido, que é, manifestamente, relevante neste contexto" (630).

É devido ao enfoque na experiência do herói que ocorre, poucas linhas abaixo, a segunda (e última) menção ao conceito de *Zeitroman*. Em causa está a singular e censurável incapacidade de Castorp, tantos anos volvidos, de saber a quantas anda, censurável muito embora, nesta altura do campeonato, completamente evidente e, à custa do hábito, praticamente desculpável:

> [S]e aflorámos a questão adicional de saber se os que estão aqui reunidos à nossa volta ainda têm a noção de há quanto tempo foi que o pundonoroso Joachim, entretanto falecido, entreteceu na conversa aquela observação sobre a música e o tempo [...], não teríamos ficado muito zangados por ouvir que, de momento, já ninguém tem verdadeiramente uma noção clara disso: pouco zangados, e mesmo satisfeitos, pela simples razão de que o envolvimento geral nas experiências do nosso herói é, evidentemente, do nosso interesse e porque este, Hans Castorp, há muito não estava minimamente seguro quanto ao ponto em apreço. Isso faz parte do seu romance, um romance de época [*Zeitroman*] — seja qual for a ponta por onde se lhe pegue. (631)

Na tradução de António Sousa Ribeiro, a expressão encontra-se traduzida por "romance de época". O tradutor tem o cuidado de reter o contraste, à semelhança do original, entre a apresentação do conceito com e sem aspas. Já na tradução de Herbert Caro (revista por Maria da Graça Fernandes), o termo surge, na primeira ocorrência, como "romance do tempo" e, na segunda, como "romance de um tempo". Não é, parece-me, um acaso, pois este contraste entre *"do* tempo" e *"de um* tempo" capta a ambivalência no uso da expressão de forma precisa, sendo nesses dois sentidos — remetendo ora para *o* tempo em geral ora para *um* tempo em particular — que o termo pode ser usado.

*

Em que sentidos é *A Montanha Mágica* um *Zeitroman*?

É comum responder a esta pergunta de duas maneiras. Primeiro, afirmando que é um romance *sobre o tempo*, sobre a experiência temporal em geral, o tédio, a monotonia, a memória, a expectativa, e em que intuições que dialogam com ideias de filósofos como Bergson e cientistas como Einstein são, por assim dizer, ensaiadas. Segundo, acrescentando que é um romance *do seu tempo*, um testemunho da sua época, um documento histórico, uma obra que lança luz sobre o primeiro quartel do século XX, um período crítico em que as contradições de uma Europa decadente e conflituosa ditaram o curso destemperado do mundo.

Há muito a dizer sobre estas duas acepções, que se complementam mais do que se opõem, e que suscitam observações relevantes sobre o romance. Não me esquivarei a elas. Todavia, gostaria de acrescentar, à entrada deste capítulo, que a categoria de *Zeitroman* não abrange tudo o que há a dizer sobre o modo de ser temporal desta obra. Pois

A Montanha Mágica não é apenas um romance *sobre o tempo* e *do seu tempo*. É também — eis o que aqui venho propor — um romance *para o nosso tempo*.

Entendo, por outras palavras, que *A Montanha Mági-ca* ainda nos diz respeito, porquanto toca em questões que ainda são as nossas. Afirmá-lo não é o mesmo que alegar que o romance ainda nos encanta, seja porque achamos a narrativa entusiasmante, as descrições subtis ou os temas fascinantes. Não se trata de explicar a popularidade do livro. Nem sequer a sua relevância histórica, que é decerto indiscutível. Trata-se antes de defender que ele toca a fibra do nosso tempo.

UM ROMANCE *SOBRE O TEMPO*

Que *A Montanha Mágica* é um livro sobre o tempo foi uma ideia fixa para o escritor ao longo daqueles doze anos. O propósito da obra é narrar a experiência de Castorp no sanatório, no qual o jovem, na sua susceptibilidade ao meio ambiente, perde o sentido do tempo, deixando-se contaminar pelo quietismo reinante. Cabe à narrativa, como em "Passeio na praia" se descortina, reflectir — isto é, mostrar mais do que simplesmente descrever — essa experiência.

A percepção temporal de Castorp altera-se; na verdade, deteriora-se. A cada dia que passa — e, a certa altura, já não se contam dias, mas meses e, finalmente, anos — atrofia-se o seu relógio interno: como o dos mineiros soterrados, como o da jovem em coma, como o de um animal que hiberna, três imagens que o narrador evoca mais adiante em "Passeio na praia", que se somam à do doente acamado, apresentada em "Sopa da eternidade e súbita clareza", para quem as chegadas da sopa do almoço hoje, ontem e amanhã não se distinguem na sua homogeneidade.

> [T]endo em vista o mistério do tempo, talvez seja útil preparar o leitor para maravilhas e fenómenos bem diferentes do que aqui nos chama a atenção e que vão suceder-nos na sua companhia. Para já, basta que todos se recordem da rapidez com que passa uma série, mesmo uma "longa" série de dias em que se está doente de cama: é sempre o mesmo dia que se repete; mas, como é sempre o mesmo, no fundo, é pouco correcto falar de "repetição"; devia falar-se de monotonia, de um agora permanente ou da eternidade. Trazem-te a sopa do almoço como ta trouxeram ontem e como vão trazer-ta amanhã. (223-4)

Assim, à medida que se avança na narrativa, também o seu conteúdo, por assim dizer, dilata: onde o primeiro, o terceiro, o quarto e o quinto capítulos narram, respectivamente, algumas horas, um dia, três semanas e sete meses, o sexto e o sétimo capítulos narram, ao todo, mais de seis anos. Como a experiência (do herói), a narrativa (do romance).

Contudo, embora o propósito último de Mann seja a apresentação e crítica da experiência temporal no sanatório, esta tarefa, que o narrador assume de bom grado, implica tecer considerações de teor mais geral, desvinculadas das vivências de Castorp no sanatório em particular. Assim, que *A Montanha Mágica* seja um romance *sobre o tempo* declina-se em dois sentidos: numa acepção ontológico-fenomenológica (A) e numa acepção fisiológico-crítica (B).

(A) Por um lado, *A Montanha Mágica* é um romance *sobre o tempo*, na medida em que aborda a natureza e a experiência do tempo em geral. O narrador interroga-se, um pouco como Agostinho de Hipona nas suas *Confissões*, sobre a essência do tempo, sobre os mistérios do princípio e do fim, sobre os paradoxos do movimento e do infinito. O tom de passagens como o início do episódio "Transformações", onde se começa por afirmar que o tempo é um "segredo — imaterial e omnipotente" (406), lembra passagens clássicas de Aristóteles e de Kant, para dar dois exemplos, atendendo à ênfase na questão da transformação — pensemos na *Física* do primeiro — e à natureza antinómica do tempo — pensemos na *Crítica da Razão Pura* do segundo:

> O tempo é activo, tem uma natureza verbal, "traz consigo". Que traz ele então consigo? Transformação! Agora não é outrora, aqui não é além, pois entre ambos há movimento. [...] Como, além disso, não é possível imaginar um tempo finito e um espaço limitado mesmo com o mais desesperado dos esforços, chegou-se à decisão de "pensar" o tempo e o espaço como eternos e infinitos — aparentemente, supondo que isto resultava, senão perfeitamente, pelo menos um pouco melhor. Mas não será que estatuir o eterno e o infinito representa a destruição lógica e matemática de tudo o que é limitado e finito, a sua redução proporcional a zero? Será possível uma sucessão no eterno, uma justaposição no infinito? (406)

Para nenhuma destas perguntas se alcança resposta. Mas nem por isso — pelo facto de a essência do tempo permanecer um mistério, o qual, mal é interrogado, escorrega por entre as garras da mente como a areia por entre os dedos — deixa de ser possível caracterizar a sua experiência em termos fenomenológicos. Assim, discute-se também, na perspectiva do ser humano, a relação entre a passagem do tempo e o movimento no espaço, explorando a ideia, à qual a viagem inicial de Castorp serve de pretexto, segundo a qual o distanciamento no espaço gera, por assim dizer, esquecimento. É como se o que aconteceu há apenas uns dias se afigurasse, por força do distanciamento espacial, mais distante no tempo — logo mais difuso do que o tempo transcorrido permitiria antecipar.

Apesar de o movimento no espaço influir na percepção do tempo, é na irredutibilidade do segundo ao primeiro — o cavalo de batalha do pensamento de Henri Bergson, para quem o "erro de Kant foi tomar o tempo como um meio homogéneo"[2] — que o narrador insiste amiúde. Fá-lo tanto de modo explícito quanto de modo alegórico, como no sonho de Castorp em que o tempo se lhe revela como uma "enfermeira muda" — um termómetro ao qual foram retirados os traços, a fim de dissuadir a manipulação dos resultados pelos pacientes — com o que se sugere, implicitamente, que o tempo é insusceptível de medição:

> [S]ubitamente, teve a revelação perfeita do que era o tempo, afinal; não era outra coisa senão uma enfermeira muda, uma coluna de mercúrio sem nenhuma gradação, para aqueles que queriam fazer batota — ponto em que

2 Henri Bergson, *Essai sur les données immédiates de la conscience*, in *Oeuvres* (Paris: PUF, 2001), p. 151.

> acordou com o firme propósito de, no dia seguinte, comunicar esta descoberta ao seu primo Joachim. (119)

De resto, já que evoco este sonho, noto ainda que o funcionamento da memória e do esquecimento também é escrutinado. O tom, sem deixar de ser fenomenológico, aproxima-se da psicanálise. Aqui, convém lembrar, para além das conferências sobre o amor do Dr. Krokowski, o tópico já abordado, a propósito da influência da fotografia no romance, da exposição e da revelação, que reflectiriam os mecanismos do trauma, do recalque, do sintoma e da rememoração.

Finalmente, talvez o tópico mais insistentemente abordado seja o do "Excurso sobre o sentido do tempo", a cujos corolários o narrador retorna em "Sopa da eternidade e súbita clareza" e "Passeio na praia". O ponto de partida é a intuição segundo a qual se tende a compreender equivocadamente o tédio. De facto, um tempo aborrecido custa mais a passar do que um tempo animado. No entanto, retrospectivamente, é ao primeiro — ao tempo aborrecido — e não ao segundo — ao tempo animado — que falta densidade. Noutros termos, o tempo repleto de vivências — júbilos ou infortúnios, erros ou acertos — deixa na memória, ao contrário do tempo sem acontecimentos memoráveis, uma marca profunda de preenchimento e plenitude. Inversamente, o tempo aborrecido, por mais que tenha custado a passar, fica registado como um vazio — um vazio que, se não se tiver cuidado, pode engolir a vida inteira.

> Aquilo a que se chama tédio é, assim, no fundo, muito mais uma compressão doentia do tempo causada pela

monotonia: grandes períodos de tempo, se a uniformidade for constante, encolhem de uma forma que aflige mortalmente o coração; se um dia é como todos, então todos são como um; e, se a uniformidade fosse total, a mais longa das vidas seria vivida como curta e ter-se-ia eclipsado sem se dar por isso. (133)

Em todos estes casos, as experiências do protagonista, a par dos considerandos que merecem ao narrador são de carácter geral. Noutros termos, não estão vinculadas às peculiaridades da vida no sanatório. Pelo contrário, dizem respeito à experiência do tempo em geral.

*

(B) Por outro lado, num segundo sentido, *A Montanha Mágica* é um romance *sobre o tempo* porque acompanha, reflecte e transparece a experiência temporal de Castorp em particular — a qual, metonimicamente, se confunde com a vida no sanatório, cuja temporalidade se assemelha a uma *atemporalidade*. É esta *atemporalidade*, como sublinha Dorrit Cohn, que o narrador aspira a mostrar[3]. Vigora, no espaço-tempo de Berghof, um modo de vida *particular* que propicia a experiência, já descrita *em geral*, do tédio. Agora, portanto, já não se trata, simplesmente, de um quotidiano, como tantos outros, cuja regularidade torna monótono. Trata-se, problematicamente, de um quotidiano, onde impera a inacção; onde a destruição perdulária dos dias é a regra; onde, a pretexto de um desprezo

3   Dorrit Cohn, "Timelessness in *Der Zauberberg*", in *Thomas Mann's* The Magic Mountain: *A Casebook*, ed. Hans Rudolf Vaget (Oxford: Oxford University Press, 2008), pp. 201-218.

injustificado e injustificável pela planície, se cauciona o desperdício do tempo que é, ao fim e ao cabo, o desperdício da vida — algo que Castorp, no fundo, com "uma espécie de susto misturado com um prazer curioso" (634), não deixa de pressentir.

Sempre que se trata especificamente da vida no sanatório, os esforços de uma análise fenomenológico-ontológica do tempo — como a poderíamos encontrar, *mutatis mutandis*, em Husserl ou Sartre — dão lugar aos preceitos e intentos de uma crítica fisiológica do "modo de vida horizontal", que se descreve, recorrendo persistentemente aos adjectivos "doentio", "mórbido" e "perverso", se compara com imagens de hibernação, inconsciência ou morte, e, por fim, reconhecida a sua contingência histórico-cultural, se critica. Vimos já como Mann hesitou na radicalidade dessa crítica, na medida em que deixa de poder (ou de querer) contrastar o tempo estagnado da montanha entorpecida com o tempo acelerado da planície belicosa. Ainda assim, embora o envolvimento nas guerras e nos negócios da planície se afigure igualmente perverso, a crítica à estagnação mantém-se.

UM ROMANCE *DO SEU TEMPO*

Logo no início do romance, ao apresentar o seu protagonista, o narrador sublinha que ele é um jovem mediano, como qualquer outro da sua classe, da sua região, da sua época. Na sua mediania — daí que o adjectivo "medíocre" [*mittelmäßig*] lhe convenha, sem prejuízo da sua dignidade — Castorp é, numa palavra, um filho *do seu tempo* — um tempo incapaz de responder à pergunta "para quê?" Para quê o esforço, para quê o empenho, para quê a acção?

Esse tempo — um tempo de cansaço, de hesitação, de inércia, um tempo que devora os seus filhos, consumindo-os no fogo lento do esvaziamento da vontade — é, para Thomas Mann, o tempo que antecede a Primeira Guerra Mundial. O narrador refere-o explicitamente na Proposição, onde, após afirmar que a história que se vai contar "aconteceu há muito", associa esse tempo pretérito ao período anterior à "grande guerra, com cujo início tanta coisa começou que praticamente não terá cessado de começar" (17-18).

Contudo, sendo uma obra do *seu tempo*, *A Montanha Mágica* não é apenas um romance do período anterior à Primeira Guerra Mundial. De novo, importa ir além das declarações do narrador. A expressão "do *seu* tempo" — convidando à pergunta "seu, de quem?" — não se refere apenas a Castorp. Refere-se também a Mann. O tempo d'*A Montanha Mágica* não é apenas o tempo — tomando por referência Castorp — anterior à trovoada que, no romance, anuncia a Primeira Guerra Mundial. É também o tempo — tomando por referência Mann — que antecipa, no intervalo entre aquele conflito global e o seguinte, a Segunda Guerra Mundial.

N'*A Montanha Mágica*, não escutamos apenas os ecos da guerra de 1914-1918. Escutamos também os rumores premonitório da guerra de 1939-1945, na qual, emudecendo poetas e filósofos, o colapso ensurdecedor da "civilização" e da "cultura" dificilmente se distinguem. A dissensão entre Settembrini e Naphta, cujos meandros transcendem a oposição entre conservadorismo e progressismo, envolvendo, de forma deliberadamente caótica, o caldo de ideias em voga no início da década de 1920 na Alemanha, é disso a manifestação mais óbvia. Mas temos também Wiedemann, a personagem antissemita do romance, aparecida já perto do final, "que era hostil aos judeus [...] como se fosse um desporto, com um alegre fanatismo" (796). Segundo Michael Beddow, "independentemente da sua qualidade literária, o romance tem uma importância inestimável como documento cultural".

> Quem ambicione compreender a Alemanha do século xx tem de ansiar por essa compreensão [da mudança de Mann ao escrever *A Montanha Mágica*], tendo em conta o significado histórico do comprometimento imediato e inesperado, embora inabalável, de Mann à causa da República de Weimar e a sua implacável oposição ao nacional-socialismo e aos seus precursores desde o início.[4]

Dito isto, não pretendo de modo nenhuma reduzir este romance a um "documento cultural". Não que o não seja, ou que me pareça necessário opor drasticamente "obra literária" e "documento cultural". Simplesmente, pretendo discutir em que medida o romance ainda nos diz respeito. Ora, *A Montanha Mágica*, sendo uma obra do seu tempo — nunca se esquivando a ele, encarando-o, ao invés, de forma penetrante e persistente —, jamais se limita a reflecti-lo. A bem dizer, também se lhe opõe. E, nisso, a passagem de Beddow é elucidativa, realçando que Mann foi a excepção e não a regra. *A Montanha Mágica* seria, então, uma obra do seu tempo na modalidade do *desalinhamento*, da *descolagem*, da *desadequação* — logo também, como veremos no último capítulo, da (boa) distância.

4 Michael Beddow, "The Magic Mountain", p. 139.

JOÃO PEDRO CACHOPO

UM ROMANCE *PARA O NOSSO TEMPO*

A Montanha Mágica foi um enorme sucesso em 1924. Conquistou o aplauso de leitores e o favor de críticos quase instantaneamente e, com grande probabilidade, terá pesado na decisão de atribuir o Prémio Novel ao escritor em 1929. Comparando o seu destino com o de outros "clássicos" da literatura modernista, como *Em Busca do Tempo Perdido* de Marcel Proust ou *Ulisses* de James Joyce, o mínimo que se pode dizer é que o romance de Mann "envelheceu bem". Para Karolina Watroba, "*Der Zauberberg* está na ordem do dia: anda a ser lido e relido, traduzido e retraduzido, adaptado, reimaginado e repensado em todo o mundo"[5]. Em 2022, a autora publicou um estudo sobre um conjunto de apropriações literárias e cinematográficas do romance, que torna evidente como a sua popularidade atravessa géneros, gerações e sensibilidades[6]. Mas porquê? A que se deve a popularidade do romance nos nossos dias?

Fazendo um ponto da situação em 2008, Hans Rudolf Vaget avança uma resposta para esta pergunta que nos parece plausível, argumentando que "o estatuto d'*A Montanha Mágica* entre os grandes romances de todos os tempos" se deve a uma "fusão de ousadia e acessibilidade":

> *A Montanha Mágica* foi vista, tanto como um romance repleto de ideias abrangentes, articuladas num plano de elevada autoconsciência filosófica, quanto como uma obra

---

5   Karolina Watroba, "Reluctant Readers on Mann's *Magic Mountain* (Ida Herz Lecture 2020)", *Publications of the English Goethe Society*, vol. 90, n.º 2, p. 146.
6   Karolina Watroba, *Mann's* Magic Mountain*: World Literature and Closer Reading* (Oxford: Oxford University Press, 2022).

que oferecia uma abundância de acontecimentos e puro prazer de leitura. Poderia ser lida tanto como uma meditação sobre os temas intemporais do amor, da morte e da doença, quanto como uma investigação altamente tópica sobre a mentalidade europeia no período anterior à Primeira Guerra Mundial. [...] É esta feliz fusão entre ousadia e acessibilidade que continua a garantir o estatuto d'*A Montanha Mágica* entre os grandes romances de todos os tempos.[7]

Reincidimos, portanto, na noção de que *A Montanha Mágica* é uma obra altamente representativa do seu tempo, além de cativante e acessível, logo popular. Sendo assim, que mais há a acrescentar? Seriam "popularidade" e "actualidade" equiparáveis? Se não, o que se tem em vista ao afirmar que *A Montanha Mágica* é uma obra actual?

Curiosamente, é possível ensaiar respostas preliminares à pergunta sobre a actualidade do romance remetendo para as duas ideias avançadas anteriormente neste capítulo: a ideia de que *A Montanha Mágica* é um romance *sobre o tempo* e um romance *do seu tempo*. No primeiro caso, afirma-se que a sua actualidade está garantida pela intemporalidade dos seus temas. Pois o que haveria de mais intemporal — logo, de perenemente actual — do que a experiência do tempo? É assim que continuam a pensar vários estudiosos. No segundo caso, mais conforme ao espírito histórico-sociológico da nossa época, pelo menos na sua superfície, aposta-se numa analogia: *A Montanha Mágica* seria actual na medida em que nos

---

7   Hans Rudolf Vaget, "Introduction", in *Thomas Mann's* The Magic Mountain: *A Casebook*, ed. Hans Rudolf Vaget (Oxford: Oxford University Press, 2008), pp. 4-5.

oferece um espelho diante do qual o nosso presente — um presente de radicalização política, aceleração tecnológica e guerra iminente — se pode ver reflectido.

Esta segunda ideia é tentadora e fecunda. No entanto, julgo que ela não faz inteiramente justiça à hipótese segundo a qual *A Montanha Mágica* é um livro *para o nosso tempo*. O estabelecimento de analogias entre hoje e ontem — afirmar que, tal como em 1924, assistimos em 2024 à ascensão de extremismos, a um recrudescimento do belicismo, à cooptação perversa da tecnologia — não esgota o assunto e, sobretudo, não capta a singularidade d'*A Montanha Mágica*. Mais do que se nos colocam hoje problemas e desafios análogos aos de então — problemas e desafios que, portanto, se *repetiriam* — há-os, problemas e desafios, que persistem desde aquela época, que, parafraseando Mann *não cessaram de começar*. Em suma, entendo que a relação entre o nosso presente e o presente de Mann não é tanto de *analogia* quanto de *afinidade*.

É assim, muito especialmente, no que toca à tecnologia. Foi o que procurei sugerir no capítulo anterior. *A Montanha Mágica* não é apenas um romance onde se reflecte, à boleia da desavença entre Settembrini e Naphta, sobre o tempo, o amor e a morte; é também um romance em que o encontro com novas tecnologias transforma o modo como se enfrenta, imagina e problematiza essas experiências e os problemas que delas decorrem. Não se trata, portanto, do mero surgimento dessas tecnologias, mas das perguntas, perplexidades, expectativas, inquietações e esperanças que elas geram, fomentam ou restringem.

Antes de partir temporariamente para o Daguestão, Clavdia Chauchat, por quem o protagonista continua perdido de amores, deixa a Castorp uma recordação. De que se trata?

Não é uma pintura, nem uma fotografia, nem, tão-pouco, uma mecha de cabelo ou uma peça de vestuário — é uma radiografia. No dia da partida, ansioso por um último aceno, Castorp assoma à varanda. Cruzando-se os seus olhares em jeito de despedida, o jovem atira-se para a cadeira e tira do bolso a "recordação, o penhor, que, desta vez, não consistia em lascas de madeira de um vermelho-acastanhado [as aparas do lápis de Hippe], mas numa chapinha com uma moldura fina, uma chapa de vidro, que era preciso segurar contra a luz para encontrar nela alguma coisa — retrato interior de Clavdia, que não tinha rosto, mas deixava reconhecer a ossatura delicada do seu tronco, cercada de um modo leve e espectral pelas formas macias da carne, além dos órgãos do tórax" (411). É este objecto, descrito pelo narrador com uma sensualidade irónica, que o jovem traz agora encostado ao peito.

> Quantas vezes olhara para chapinha e a apertara contra os lábios no tempo que passara desde aquele momento, trazendo consigo transformações. Trouxera consigo, por exemplo, a habituação a uma vida aqui em cima na ausência longínqua de Clavdia Chauchat [...]. Mas, se ela estava invisivelmente ausente, também estava, ao mesmo tempo, invisivelmente presente no espírito de Hans Castorp — o génio do lugar, que ele reconhecera e possuíra, numa hora má, turbulentamente doce, numa hora a que não se aplicava nenhuma cançoneta pacata da planície, e cuja silhueta interior ele trazia sobre o coração que, há nove meses, era tão violentamente solicitado. (411-2)

À primeira vista, o gesto de Clavdia mais não é do que água na fervura do idealismo de Castorp. Desvenda-se,

JOÃO PEDRO CACHOPO

cruamente, o mistério da interioridade: eis o coração, enquadrado pela carcaça formada por costelas e coluna, que os vermes hão-de revelar um dia. Mas a devoção de Castorp, que trata o objecto como se de uma relíquia se tratasse, precipita, com ou sem o aval do narrador, um tropel de perguntas, cujo teor não se esgota na referência à típica tendência de Castorp para enlear o sensual e o mórbido. Que imagem apazigua o desejo na ausência da pessoa amada? Que imagem serve de emblema ao génio do instante? Que imagem rompe o véu das aparências? Não altera a radiografia — que tomo aqui por emblema de tantos outros objectos técnicos — o campo de evidências em que a tentativa de responder a estas perguntas se move?

Tal como a fotografia, a radiografia é um indício do que aconteceu. Como a pintura, mostra o que o olho não enxerga. Mas, em vez de captar a fundura labiríntica do olhar ou a superfície abismal da pele, como certas fotografias ou certas pinturas, a imagem radiográfica adentra-se no corpo, atravessa a carne, revolve as entranhas. À sua maneira, despe o modelo. Que iluminação é esta? E em que medida atinge também o observador? Como se transformam os sentidos da sensualidade, da intimidade, do segredo? Estas perguntas, cujas incontáveis metamorfoses não cessam de alvoraçar os nossos sonhos e os nossos pesadelos, são ainda as nossas.

7
EM BUSCA DA BOA DISTÂNCIA

Qual é, afinal, a grande questão d'*A Montanha Mágica*? Qual é a dúvida, que foi também a de Thomas Mann, com cujos vestígios topamos nas linhas e entrelinhas do romance? Qual é o problema, com o qual o escritor se debateu ao longo de décadas, que não deixou de o perturbar após a publicação da obra e que o fez hesitar anos a fio em relação ao seu protagonista, que se lhe afigurava ora um representante do seu tempo, ora um questionador nato, e cuja singela indecisão, ao fim e ao cabo, permaneceu para ele um enigma? Este problema mais não é do que o da relação do pensamento com o seu tempo. Como posicionar-se? Quão perto? Quão longe? Qual a boa distância?

N'*A Montanha Mágica*, este problema assume a forma de um questionamento sobre as vantagens e os inconvenientes da montanha — como metáfora da distância — para o desenvolvimento intelectual de Castorp. Por um lado, a montanha é condição de "pesquisa fundamental" e de "aquisição de conhecimento". Por outro lado, nada disto acontece em vista de uma "tomada de posição". É precisamente nestes termos que Mann apresenta a obra, na carta endereçada a Paul Amann, a 3 de Agosto de 1915, na qual refere o seu propósito "político-pedagógico":

> Antes da guerra, iniciara uma história bastante longa, ambientada nos Alpes, num sanatório para tuberculosos — uma história cujas intenções básicas eram político-pedagógicas, na qual um jovem tem de haver-se com a morte, esse mais sedutor dos poderes, e é conduzido por caminhos ora cómicos ora sombrios entre os opostos intelectuais da humanidade e do romantismo, do progresso e da reacção, da saúde e da doença, embora mais a fim de *explorar*

os fundamentos e *adquirir conhecimento pelo conhecimento* do que em vista de *tomar posição*.[1]

A crítica ao modo de vida horizontal do sanatório é óbvia no romance. Embora a distância espaciotemporal proteja o jovem da balbúrdia do mundo, o isolamento rapidamente se manifesta nos seus efeitos deletérios. Nesta carta, o escritor sublinha a obsessão pela morte. Mas importa ir além da psicologia, da fisiologia e do ideário românticos. As implicações políticas e históricas da "doença" de Castorp são demasiado agudas para que possamos abafá-las sob cobertores de pele ou lençóis de neve. A morbidez revela-se, paulatinamente, alheamento, sobranceria, cinismo, desistência, cobardia. E nem a distinção entre a montanha segura do sanatório e a montanha ousada da tempestade, como a apresentei no capítulo 3, permite escamotear que é necessário descer à planície.

Desfiemos a metáfora — pois esta não se refere apenas a Castorp, cuja descida à planície sabemos como acaba, mas também a Mann. O que está em jogo, na oposição entre montanha e planície, não é tanto o quiasma entre teoria e prática — no sentido de um contraste entre as actividades da escrita e do pensamento, por um lado, e, por outro, a acção política, o envolvimento na guerra ou os negócios da indústria e do comércio — quanto a distinção entre diferentes formas de *praticar* o pensamento e a escrita. À teoria cabe sempre uma atitude, quer disso esteja ou não consciente. Não se trata, portanto, de deixar de pensar e escrever mas de

---

1 Carta a Paul Amann, 3 de Agosto de 1915. Thomas Mann, *Briefe II: 1914-1923*, p. 85 [itálicos meus].

pensar e escrever de outra forma, assumindo plenamente a relação com o seu tempo. A "descida da montanha" expressa o reconhecimento de que o pensamento e a escrita, nas suas diversas modalidades, incluindo a literária e a filosófica, existem mergulhados no seu tempo e não suspensos sobre ele.

É preciso descer da montanha. Todavia, que seja necessário descer da montanha não significa que se deva ou possa descartar a distância. Significa simplesmente — é a suspeita que referi logo na Proposição — que a "boa distância" não encontra na montanha a sua metáfora. Pois a boa distância não consiste nem numa elevação no espaço, nem numa demora no tempo, nem, tão-pouco, num mergulho introspectivo afim ao pasmo perante os enigmas do tempo e os mistérios da vida e da morte — tudo aquilo que a montanha simboliza. Assim, a pergunta pelas vantagens e pelos inconvenientes da distância para o pensamento deve ceder o lugar à pergunta pela boa distância do pensamento. A pergunta certa, em suma, não é *se* o pensamento deve distanciar-se *do* seu tempo mas *como* deve ele distanciar-se *no* seu tempo.

*

Sejamos claros. Descer da montanha, no sentido de trocar uma postura contemplativa por uma atitude interventiva, foi o que Mann decidiu fazer — sentiu que não podia deixar de fazer — em 1914. Podemos considerar que o fez de forma deplorável nesse momento. E podemos sugerir que, mesmo emendando a mão em 1922, tornando-se um convicto defensor da República de Weimar e, anos mais tarde, um crítico veemente e incansável do nazismo, nunca deixou cair uma certa pose burguesa. Mas não podemos negar que a disposição para enfrentar a realidade histórica e política do seu tempo acompanhou o escritor ao longo da segunda metade da sua vida. Mann, neste sentido, foi um intelectual militante.

O que nos reconduz ao que disse há pouco. É preciso descer da montanha. Mas não basta. Não basta militar. Não basta intervir. Não basta tomar partido. É igualmente preciso buscar a boa distância. Sem dúvida, assumir posição é fundamental em certos momentos, e fazê-lo de forma inequívoca e corajosa, como Mann fez, distinguindo-se de tantos outros intelectuais, nos tempos da República de Weimar e do Terceiro Reich, é inegavelmente notável. Apesar disso, ou justamente por causa disso, a disposição abstracta para a tomada de posição, na óptica do que são as exigências do pensamento, não basta. E pode, nos casos em que a pressa leva a melhor ou em que todas as posições soam a falso, tornar-se num obstáculo ao reconhecimento da boa distância. Mais vezes do que teríamos gosto em admitir, o desafio que se coloca ao pensamento é o de encontrar o ângulo a partir do qual se escancara o espectáculo deprimente dos mil e um prós e contras cuja base é um equívoco, uma tolice ou uma mentira.

Nesse sentido, a boa distância é indissociável daquilo a que Nietzsche chamou um modo de pensar intempestivo. Estaria em jogo, assumindo plenamente a pertença a um tempo, pensar contra esse tempo — e a favor de um tempo por vir. Mas pensar contra o seu tempo — se não se tem em mente arroubos panfletários — é, antes de mais, pensar contra o modo como esse seu tempo se compreende a si mesmo, às suas prioridades e às suas contradições. Sem se furtar ao seu tempo, antes descendo ao seu âmago, não se deixar absorver por ele e surpreender o melhor ângulo para desferir as perguntas, as hipóteses e as suspeitas mais certeiras e espinhosas.

Passado e presente; técnica e natureza; indivíduo e sociedade. Há quem defenda que o presente tem tudo a aprender com o passado porque a história se repete — não repete. Há quem proclame que o desenvolvimento tecnológico, acirrando a contradição entre técnica e natureza, convida ao retorno a formas de vida tradicionais — não convida. Há quem julgue que só a militância resgata o indivíduo ao egoísmo burguês e capitalista — não resgata. Contudo, não é como se as posturas diametralmente opostas estivessem certas — não estão: nem ignorar o passado é lícito, nem o progresso tecnológico é, por regra, benfazejo, nem o isolamento reflexivo é a chave da lucidez.

A distância que se exige na planície é mais difícil do que a distância de que se goza, mais do que propriamente se conquista, na montanha. Disto falou Nietzsche de um modo que tem tudo para escandalizar os nossos contemporâneos.

> Todo o homem superior busca, instintivamente, a sua fortaleza e refúgio, onde esteja a salvo da turba, da multidão, da maioria, onde possa esquecer a regra "homem", na óptica da qual é uma excepção. [...] Quem, no convívio com os homens, não resplandeça ocasionalmente em todas as cores da miséria, do verde ao cinzento, por repugnância, tédio, compaixão, desespero ou solidão, não é seguramente um homem de gosto elevado; em contrapartida, se não assume voluntariamente este fardo e incómodo, se sempre se lhe esquiva e se permanece, tal como foi dito,

escondido na sua fortaleza, sossegado e orgulhoso, então uma coisa é certa: não foi feito para o conhecimento, nem para tal predestinado. Pois, se o fosse, não deixaria de dizer um dia a si mesmo: "Para o diabo com o meu bom gosto! A regra é mais interessante do que a excepção — do que eu, que sou a excepção!" —, e dirigir-se-ia então para baixo e, sobretudo, "para dentro."[2]

Para dentro de quê? Para dentro do seu tempo. Mas também para dentro de si mesmo. Pois é dentro de si mesmo que começa a boa distância — e também a solidão, uma certa solidão. Se Nietzsche, ao descrever a descida à planície — que mais não é do que a aproximação ao seu tempo —, utiliza palavras que soam arrogantes, referindo-se ao que há de repugnante, entediante e desesperante no convívio com a maioria, ele mais não faz, na verdade, do que descrever, de forma que é tanto mais dissimulada quanto soa escandalosa, essa solidão. A "arrogância" de Nietzsche, para quem a souber ouvir, mais não é, no fundo, do que um lamento. "Sinto-me só — inevitavelmente, mas dolorosamente, só."

*

E Thomas Mann? Que tem isto que ver com *A Montanha Mágica*? Há um vislumbre de "boa distância" no romance? Ou não há, e trata-se, então, de criticar o que teria sido o falhanço do escritor-pensador em imaginar e praticar a boa distância, falhanço que teria como testemunhos, no

---

2   Friedrich Nietzsche, *Jenseits von Gut und Böse (Vorspiel einer Philosophie der Zukunft)*, KSA, vol. 5, pp. 43-4.

plano da ficção, a morte de Castorp nos campos de batalha da Primeira Guerra Mundial — "[é] a planície, é a guerra" (830) — e, no plano da realidade, os revezes da sua própria militância política? Nada disso. Entendo que há boa distância n'*A Montanha Mágica*.

Se, então, há boa distância n'*A Montanha Mágica*, e não tendo esta que ver com a montanha — nem com a montanha doentia do sanatório, com os seus fofos cobertores e enfermeiras mudas, nem com a montanha sublime dos seus arredores, com as suas visões clarividentes no meio da tempestade —, ela consistiria numa certa *descolagem* do seu tempo. Esta descolagem, que se encontra nas entrelinhas do romance — e não nos planos do escritor, embora não sem relação com as suas intenções —, declina-se, muito especialmente, no que toca a questões tecnológicas, históricas e políticas.

TECNOLOGIA

Destes três temas, e embora as implicações históricas e políticas de alguns passos do romance tenham merecido comentários nas páginas anteriores, foi sem dúvida à tecnologia que prestei mais atenção. *A Montanha Mágica* é um romance da modernidade tecnológica — disse-o no capítulo 5. E é, em primeira instância, enquanto tal que é uma obra *para o nosso tempo*, e não apenas *sobre o tempo* ou *do seu tempo* — disse-o no capítulo 6. A actualidade d'*A Montanha Mágica* diria respeito a inquietações, decorrentes do espanto provocado pela emergência de certas tecnologias, cujos desdobramentos se prolongam até hoje.

Mas o romance é actual noutro sentido — e aí actualidade e intempestividade coincidem. *A Montanha Mágica* não mostra apenas aquelas inquietações. Também se posiciona em relação a elas. Sublinhei a ambivalência com a qual, ciente dos perigos das novas tecnologias, mas também da inevitável transformação da sensibilidade humana que acarretam, o escritor persiste na experimentação literária. Na medida em que esta experimentação, exprimindo tanto o entusiasmo — o gramofone como "a alma alemã *up to date*" (742) — quanto a preocupação — o obus como "produto de uma ciência degenerada" (832) —, escapa à postura em que uma e outro se reificariam, insinua-se no romance a boa distância correspondente à recusa de visões tecnofílicas e tecnofóbicas.

Esta dupla recusa — que é, no fundo, a face produtiva da hesitação — é menos um meio termo, uma posição intermédia, do que uma atitude: uma atitude que envolve a disponibilidade para mudar de posição, para reconhecer um erro, uma precipitação, um equívoco. Se, então, há boa distância no romance, ela teria também que ver com essa ambivalência, com essa oscilação entre curiosidade e desconfiança pelo novo. Sendo essa boa distância crucial nos debates tecnológicos dos nossos dias, também nesse sentido o romance é actual.

HISTÓRIA

Mas esta actualidade da boa distância manifesta-se também no que concerne ao tempo histórico e ao espaço político. No que toca à história, referimos anteriormente o oxímoro com o qual Mann apresentava a sua posição sobre o passado, o presente e o futuro, proclamando-se adepto de um "conservadorismo do futuro". Neste caso, parece evidente que Mann reformula a ideia de intempestividade, tal como Nietzsche a gizou. Não esqueçamos que é na chamada "segunda intempestiva", sobre "as vantagens e os inconvenientes da história para a vida" que Nietzsche apresenta a ideia de que o combate contra o tempo presente se faz "por mor de um tempo por vir"[3]. É esta intuição que Mann procura actualizar ao defender a tradição contra os tradicionalistas.

Pois Mann foi um conservador peculiar a quem sempre desgostaram as cançonetas dos bons velhos tempos: "assim se fez e aconteceu" ou "antigamente é que era bom". Não é assim, nem no pretérito perfeito nem no pretérito imperfeito, que Mann conjuga o seu conservadorismo. Dir-se-ia que o seu conservadorismo — se me permitem a brincadeira gramatical — convoca o pretérito mais-que-perfeito. Um passado anterior ao passado — não para sustentar o que continua a ser como *foi* e deve permanecer como *era*, mas para lhe tirar o tapete, desmascarando a farsa das origens e das essências. Contra o "foi" e o "era", o "fora". "*Fora* assim antes de virem os lacaios da tradição e os bajuladores do progresso!"

Se, então, há boa distância no romance, ela teria também que ver com essa dupla recusa do desprezo pela mudança e da idolatria da novidade, que, na verdade, tantas vezes coincidem. Nisso, o diagnóstico de Herf, falando dos modernistas reaccionários da primeira metade do século xx, tem muito em comum com o diagnóstico que se impõe

---

3　Friedrich Nietzsche, *Unzeitgemäße Betrachtungen (Zweites Stück: Vom Nutzen und Nachtheil der Historie für das Leben)*, *KSA*, vol. 1, p. 247.

actualmente — e que, entre tantos outros, Adrian Daub fez de forma certeira, mostrando como, nos discursos dos ideólogos de Silicon Valley, o culto da inovação mais disruptiva se mistura com a vénia ao tradicionalismo mais retrógrado[4].

Não que Mann se sentisse confortável no seu tempo. Na verdade, sentiu-se cada vez mais herdeiro de um tempo ido, um sobrevivente do mundo burguês, para falar como Lukács, ou um exilado da galáxia de Gutenberg, para falar como McLuhan. De algum modo, o seu conservadorismo, sobretudo a partir do exílio norte-americano, deixou de ser uma escolha, tornando-se uma inevitabilidade. As suas referências já não eram as de ontem, mas as de anteontem, as do século de Novalis e Whitman. E é em sintonia com esse *pathos* e esse *ethos* que sente, pensa e escreve. Mas, como essa sensibilidade anacrónica era a de um espírito aberto ao seu tempo, esse anacronismo, abrindo o ângulo da boa distância, devém intempestividade faiscante no contacto com as coisas do presente. *Anacronismo intempestivo* — eis a tradução nietzschiana do "conservadorismo do futuro" de Mann.

POLÍTICA

No que toca à política, a boa distância — em que consiste a descolagem do seu tempo e a recusa das alternativas que este apresenta — assume uma forma ainda mais escandalosa: a de uma equidistância radical. Mais uma vez, importa notar que a boa distância é menos uma posição do que uma atitude, uma disponibilidade para mudar de posição. Mais

---

4 Adrian Daub, *What Tech Calls Thinking* (New York: Farrar, Straus and Giroux, 2020).

O ESCÂNDALO DA DISTÂNCIA

uma vez, cabe referir que enveredo pelas entrelinhas do romance — neste caso, voltando ao confronto entre Settembrini e Naphta e à alternativa de Peeperkorn.

Para compreender a singularidade da tripla recusa que o romance sussurra aos ouvidos do leitor — na medida em que os três "mestres" seduzem mas não convencem o herói, caindo invariavelmente no ridículo, sob o fogo cerrado das ironias que lhes reserva o narrador —, importa compreender a especificidade de cada um eles. Isto é especialmente importante no que tange a Settembrini e a Naphta, que, ao contrário do que uma leitura apressada do romance poderá sugerir, não representam posturas simétricas ou pólos opostos. Pois, como referimos no capítulo 1, Naphta encarna os dois extremos, a extrema-direita e a extrema-esquerda, ao passo que Settembrini representa os valores do centro.

Mas não foi assim desde o início. Entre 1912 e 1915, os dois opositores de Castorp eram Settembrini e Bunge. Segundo o plano inicial, opor-se-iam romantismo conservador, perfilhado por Thomas Mann, e humanismo liberal, associado pelo escritor ao irmão, Heinrich Mann. Só em 1921, no rescaldo da Primeira Guerra Mundial (e já depois do encontro com Lukács), se alteraram os planos de Mann. Em confronto estariam agora, já não adeptos da cultura germânica e arautos da civilização ocidental —, mas, por um lado, o herdeiro da cultura humanista do século XIX (Settembrini) e o "revolucionário da reacção", como lhe chama Castorp, em cuja ideologia convergem os radicalismos de direita e de esquerda, unidos pelo ódio às democracias liberais (Naphta).

É destes radicalismos encarnados por Naphta que Mann se sente cada vez mais distante. No entanto, não devemos julgar que desse distanciamento decorre uma aproximação ou, sobretudo, uma identificação com Settembrini. Quer dizer, embora o plano inicial sugerisse uma certa preferência por Bunge em detrimento de Settembrini e embora desponte no final uma certa simpatia por este, em contraste com o execrável Naphta, o tom do romance, e a própria atitude de Castorp, ao cabo de todas as suas hesitações, é a da equidistância: nem Naphta, nem Settembrini; nem o ressentimento e a sede de vingança dos radicalismos de direita e de esquerda, na feição que assumem em Naphta, nem a ingenuidade e a arrogância do centro moderado, tal como surgem em Settembrini.

Ora, uma vez que Peeperkorn, surgido já perto do final, também não leva a melhor sobre o espírito de Castorp, insinua-se, nas entrelinhas do romance, uma tripla negação. Pois se o radicalismo e a moderação políticos de Naphta e Settembrini não colhem a adesão de Castorp, tão-pouco o convence a solução estética de Peeperkorn, com o seu vitalismo exacerbado e impotente.

Eis o escândalo — sob a forma de uma série de perguntas. Como não ceder à prepotência dos extremos sem pactuar com a bonomia do centro? Como distanciar-se do centro sem se abeirar da cegueira dos extremos? Como evitar estas duas posições sem deixar de se posicionar? Como se distanciar *no* seu tempo, evitando simultaneamente o sectarismo, o cinismo e a desistência?

*

Num esforço de síntese, seria possível resumir a intuição que atravessa este livro recorrendo às suas epígrafes.

Reconhecida a subida à montanha como uma retirada do mundo — é assim que a descreve Sontag —, fica por esclarecer, após o regresso à planície, o desafio que aí se apresenta.

Recordo, para começar, os dois versos de Goethe, colhidos numa obra escrita a quatro mãos com Schiller, *Xenien*:

> O que de tudo é o mais difícil? O que parece mais fácil.
> Ver com os olhos o que está diante deles.
> [*Was ist das Schwerste von allem? Was dir das Leichteste dünket.*
> *Mit den Augen zu sehen, was vor den Augen liegt.*]

O dístico, concebido por um pensador maravilhado com o espectáculo da natureza, foi interpretado de diversas formas, tendo sido, por exemplo, apropriado pela fenomenologia e associado à fotografia. Aqui, sem me comprometer com qualquer tradição filosófica ou forma de arte, nem sequer com o sentido da visão, interessa-me cotejá-lo com outros dois versos, achados no meio da epopeia de Camões:

> Quanto se chegam mais os olhos perto
> Tanto menos a vista determina.

Enlacemos estes ensinamentos. Compreender o nosso tempo? Não é o que parece mais fácil? Não me refiro — pensemos agora no nosso próprio tempo — aos enredos da geopolítica. Nem aos meandros da computação algorítmica. Nem aos cálculos da mecânica quântica. Refiro-me a coisas bem mais simples. O que nos move de manhã, ou nos inspira à tarde, ou nos sossega à noite? Ou também, retomando a formulação do narrador d'*A Montanha Mágica*: para quê os esforços para além do que é necessário? Dá-nos o tempo resposta a esta pergunta? Qual é ela? Ou não dá resposta? E, nesse caso, como pesa sobre nós esse silêncio? Será que o ouvimos sequer? Responder a estas perguntas — o que deveria ser fácil, pois não damos um passo sem tê-las em frente ao nariz — é difícil.

Compreender o nosso tempo, que está em nosso redor e dentro de nós, compreender o tempo em que somos, compreender o tempo por *meio* do qual somos — nada é, com efeito, mais difícil. E quanto mais lhe chegamos os olhos — quanto mais nos colamos a ele, quanto mais nos confundimos com ele —, tanto menos determinamos. Cegos de proximidade, como numa caverna a céu aberto, nem o que está diante dos nossos olhos somos capazes de discernir. O repto da boa distância é apenas este: é preciso descolar-se, afastar um pouco os olhos — e o coração, e a mente —, para ver alguma coisa. Mas não fugir, afastando-se como quem se refugia numa torre de marfim — "que tenho eu a ver com este tempo?" — ou esconder-se, como quem enterra a cabeça na areia — "não quero ver, nem ouvir, nem saber!"

*

O Escândalo da Distância é um livro exasperado com literatos e anarquistas, académicos e sindicalistas, bajuladores e *influencers*, professores catedráticos e poetas malditos, malta de letras e gente de partido. Mas não só. Neste teatro filosófico, é sobretudo um livro escandalosamente avesso a duas personagens conceptuais, enfrentando-se num duelo mortal acerca das coisas da escrita, do pensamento e da acção: o esteta e o militante.

A boa distância é uma seta apontada ao coração desses dois inimigos: o *militante*, que sempre já sabe de que lado está, e o *esteta*, para quem nunca há motivo para se comprometer com um mundo cruel e vulgar. Ambos, o primeiro em cada encruzilhada da planície, o segundo em cada cume da montanha, desconhecem a boa distância. De facto, do ângulo desta, aquela encruzilhada é um beco e aquele cume é um abismo.

A boa distância pode ser solidão, pode ser exílio, pode ser desespero, mas não será indiferença. E isto também é — pois em todo o ensaio há o cunho de quem escreve — um desafio existencial: o de resistir à tentação da desistência.

Boa distância, um rasgo de boa distância — e já não, como no último suspiro de Goethe às portas da morte, uma nesga de luz —, eis o que se trata de buscar nestes tempos encurralados e crepusculares.

REFERÊNCIAS BIBLIOGRÁFICAS

Mann, Thomas. *A Montanha Mágica*. Trad. António Sousa Ribeiro. Lisboa: Relógio d'Água, 2020.

_____. *A Montanha Mágica*. Trad. Herbert Caro (rev. Maria da Graça Fernandes). Lisboa: Livros do Brasil, 2001.

_____. *A Montanha Mágica*. Trad. Gilda Lopes Encarnação. Lisboa: Dom Quixote, 2009.

_____. *Der Zauberberg. Große kommentierte Frankfurter Ausgabe* [*GKFA*], vol. 5.1., ed. Michael Neumann. Frankfurt am Main: S. Fischer, 2002.

_____. "Einführung in den 'Zauberberg'. Für Studenten der Universität Princeton". In *Rede und Antwort (Gesammelte Werke in Einzelbänden Bänden)*, ed. Peter de Mendelssohn, pp. 66-82. Frankfurt am Main: S. Fischer, 1984.

_____. *Doutor Fausto*. Trad. Herbert Caro (rev. José Jacinto da Silva Pereira). Lisboa & Porto: Dom Quixote, 1999.

_____. *Thomas Mann. Um Percurso Político. Da Primeira Guerra Mundial ao Exílio Americano*. Trad. Teresa Seruya. Lisboa: Bertrand, 2016.

_____. *Betrachtungen eines Unpolitischen. GKFA*, vol. 13.1, ed. Hermann Kurzke. Frankfurt am Main: S. Fischer, 2009.

_____. *Rede und Antwort (Gesammelte Werke in Einzelbänden Bänden)*, ed. Peter de Mendelssohn. Frankfurt am Main: S. Fischer, 1984.

_____. *Von Deutscher Republik (Gesammelte Werke in Einzelbänden Bänden)*, ed. Peter de Mendelssohn. Frankfurt am Main: S. Fischer, 1984.

_____. *An die gesittete Welt (Gesammelte Werke in Einzelbänden Bänden)*, ed. Peter de Mendelssohn. Frankfurt am Main: S. Fischer, 1984.

_____. *Briefe I: 1889-1913. GKFA*, vol. 21, ed. Thomas Sprecher, Hans R. Vaget e Cornelia Bernini. Frankfurt am Main: S. Fischer, 2002.

_____. *Briefe II: 1914-1923. GKFA*, vol. 22, ed. Thomas Sprecher, Hans R. Vaget e Cornelia Bernini. Frankfurt am Main: S. Fischer, 2004.

_____. *Diaries, 1918-1939*. Trad. Richard e Clara Winston. New York: H. N. Abrams, 1982.

_____. *Deutsche Hörer! Radiosendungen nach Deutschland aus den Jahren 1940 bis 1945*. Frankfurt am Main: S. Fischer, 1987.

*

Adorno, Theodor W. "Zu einem Porträt Thomas Manns". In *Noten zur Literatur, Gesammelte Schriften*, vol. 11, ed. Rolf Tiedemann, pp. 335-344. Frankfurt am Main: Suhrkamp, 2003.

Anderson, Andrew M. "Mann's Man's World: Gender and Sexuality". In *The Cambridge Companion to Thomas Mann*, ed. Ritchie Robertson, pp. 64-83. Cambridge: Cambridge University Press, 2004.

Basilius, Harold A. "Mann's Naphta--Settembrini and the battle of the books". *Modern Fiction Studies*, vol. 14, n.º 4 (Inverno, 1968-1969), pp. 415-421.

Beddow, Michael. "The Magic Mountain". In *The Cambridge Companion to Thomas Mann*, ed. Ritchie Robertson, pp. 137--150. Cambridge: Cambridge University Press, 2004.

Benjamin, Walter. "A obra de arte na época da sua possibilidade de reprodução técnica". In *A Modernidade*, trad. João Barrento, pp. 207-241. Lisboa: Assírio & Alvim, 2017.

____. *The Correspondence of Walter Benjamin, 1910-1940*. Trad. Manfred R. Jakobson e Evelyn M. Jacobson, ed. Gershom Scholem e Theodor W. Adorno. Chicago & London: The University of Chicago Press, 1994.

Bergson, Henri. *Essai sur les données immédiates de la conscience* [1888]. In *Oeuvres*, pp. 1-156. Paris: PUF, 2001.

Bieber, Christoph. "When Thomas Mann Invented Podcasting", 15 de Agosto de 2022, publicado em www.medium.com.

Bishop, Paul. "The Intelectual World of Thomas Mann". In *The Cambridge Companion to Thomas Mann*, ed. Ritchie Robertson, pp. 22-42. Cambridge: Cambridge University Press, 2004.

Bloom, Harold (ed.). *Thomas Mann's "The Magic Mountain"*. New York: Chelsea House, 1986.

Blumberg, David. "From Muted Chords to Maddening Cacophony: Music in *The Magic Mountain*". In *A Companion to Thomas Mann's* Magic Mountain, ed. Stephen D. Dowden, pp. 80-94. Columbia, SC: Camden House, 1999.

Boes, Tobias. *Mann's War: Literature, Politics, and the World Republic of Letters*. Ithaca & London: Cornell University Press, 2019.

Cachopo, João Pedro. *A Torção dos Sentidos: Pandemia e Remediação Digital*. Lisboa: Sistema Solar, 2020. Edição brasileira: *A Torção dos Sentidos: Pandemia e Remediação Digital*. São Paulo: Elefante, 2021. Edição em inglês: *The Digital Pandemic: Imagination in Times of Isolation*. London: Bloomsbury, 2022.

____. *Callas e os Seus Duplos: Metamorfoses da Aura na Era Digital*. Lisboa: Sistema Solar, 2023.

Caldas, Pedro. "A mosca e a panela: as formas da morte em *A Montanha Mágica*". *Viso: Cadernos de Estética Aplicada*, n.º 15 (2014), pp. 100-111.

Carnegy, Patrick. *Wagner and the Art of the Theatre*. New Haven & London: Yale University Press, 2013.

Cohn, Dorrit. "Timelessness in *Der Zauberberg*". In *Thomas Mann's* The Magic Mountain: *A Casebook*, ed. Hans Rudolf Vaget, pp. 201-218. Oxford: Oxford University Press, 2008.

Cook, Nicholas. *Beyond the Score: Music as Performance*. Oxford: Oxford University Press, 2013.

Correia, Carlos João. "Thomas Mann e *A Montanha Mágica*". In *Philosophica*, vol. 9 (1997), pp. 123-131.

Danius, Sara. *The Senses of Modernism: Technology, Perception, and*

Aesthetics. Ithaca & London: Cornell University Press, 2002.

Derrida, Jacques. *Otobiografias: O ensinamento de Nietzsche e a política do nome próprio*. Trad. Guilherme Cadaval, Arthur Leão Roder e Rafael Haddock-Lobo. Copenhaga & Rio de Janeiro: Zazie, 2021.

Daub, Adrian. *What Tech Calls Thinking*. New York: Farrar, Straus and Giroux, 2020.

Dowden, Stephen D. (ed.). *A Companion to Thomas Mann's* Magic Mountain. Columbia, SC: Camden House, 1999.

Downing, Eric. "Photography and Bildung in *The Magic Mountain*". In *Thomas Mann's* The Magic Mountain: *A Casebook*, ed. Hans Rudolf Vaget, pp. 45-70. Oxford: Oxford University Press, 2008.

Erkme, Joseph. *Nietzsche im "Zauberberg"*. Frankfurt am Main: Klostermann, 1996.

Gatti, Luciano. "*A Montanha Mágica* como romance de formação". *Viso: Cadernos de Estética Aplicada*, n.º 15 (2014), pp. 112-120.

Grenville, Anthony. "'Linke Leute von rechts': Thomas Mann's Naphta and the Ideological Confluence of Radical Right and Radical Left in the Early Years of the Weimar Republic". In *Thomas Mann's* The Magic Mountain: *A Casebook*, ed. Hans Rudolf Vaget, pp. 143-170. Oxford: Oxford University Press, 2008.

Hatfield, Henry H. *From "The Magic Mountain": Mann's Later Masterpieces*. Ithaca, NY: Cornell University Press, 1979.

Heller, Erich. *Thomas Mann. The Ironic German*. Cambridge: Cambridge University Press, 1981 [1958].

Herf, Jeffrey. *Reactionary Modernism: Technology, Culture, and Politics in Weimar and the Third Reich*. Cambridge: Cambridge University Press, 1984.

Hörisch, Jochen. "'Die deutsche Seele up to date': Sakramente der Medientechnik aud dem Zauberberg". In *Arsenale der Seele: Literatur- und Medienanalyse seit 1870*, eds. Friedrich Kittler e Georg Christoph Tholen, pp. 13-23. München: Fink, 1989.

Kitcher, Philip e Richard Schacht. *Finding an Ending: Reflections on Wagner's Ring*. Oxford: Oxford University Press, 2004.

Koepnick, Lutz. "Benjamin's Silence". In *Sound Matters: Essays on the Acoustics of Modern German Culture*, eds. Nora M. Alter e Lutz Koepnick, pp. 117-129. New York: Berghahn Books, 2004.

Kontje, Todd. *The Cambridge Introduction to Thomas Mann*. Cambridge: Cambridge University Press, 2011.

Kontje, Todd. *Thomas Mann's World: Empire, Race, and the Jewish Question*. Ann Arbor, Michigan: Michigan University Press, 2011.

Koopmann, Helmut (ed.). *Thomas--Mann-Handbuch*, 3.ª ed. Stuttgart: Alfred Kröner, 2001.

Koopmann, Helmut. *Thomas Mann — Heinrich Mann. Die ungleichen Brüder*. München: C. H. Beck, 2005.

Kowalik, Jill A. "'Sympathy with Death': Hans Castorp's Nietzschean Resentment". *German Quaterly*, vol. 59 (1985), pp. 27-48.

Kurzke, Hermann. *Thomas Mann: Life as a Work of Art — A Biography*. Trad. Leslie Willson. Princeton & Oxford: Princeton University Press, 2002.

Lehnert, Herbert e Eva Wessell (eds). *A Companion to the Works* of Thomas Mann. Rochester, NY: Camden House, 2004.

Lenander, Nanna. *X-ray Aesthetics: Radiographic Vision in* The Magic Mountain *and* Painting, Photography, Film (Master Thesis). University of Oslo, 2021.

Lukács, György. *A Teoria do Romance*. Trad. José Marcos Mariani de Macedo. São Paulo: Edições 34, 2000.

____. "In Search of Bourgeois Man". In *Thomas Mann's "The Magic Mountain"*, ed. Harold Bloom, pp. 31-6. New York: Chelsea House, 1986.

Magee, Bryan. *Wagner and Philosophy*. London: Penguin, 2000.

Mann, Heinrich. "Zola". In *Essays*, pp. 154-162. Berlin: Claassen, 1960.

Marcus, Judith. *Georg Lukacs and Thomas Mann: A Study in the Sociology of Literature*. Amherst: University of Massachusetts Press, 1987.

Minden, Michael (ed.). *Thomas Mann*. London: Longman, 1995.

Minden, Michael. *The German Bildungsroman. Incest and Inheritance*. Cambridge: Cambridge University Press, 1997.

Miskolci, Richard. *Thomas Mann, o Artista Mestiço*. São Paulo: Annablume, 2003.

Moretti, Franco. *The Way of the World: The Bildungsroman in European Culture*. London: Verso, 1987.

Nehamas, Alexander. "Nietzsche in *The Magic Mountain*". In *Thomas Mann's "The Magic Mountain"*, ed. Harold Bloom, pp. 105-116. New York: Chelsea House, 1986.

Nietzsche, Friedrich. *Die Geburt der Tragödie*. In *Kritische Studienausgabe [KSA]*, vol. 1, ed. Giorgio Colli e Mazzino Montinari,
pp. 9-156. Berlin & New York: Walter de Gruyter, 1999.

____. *Unzeitgemäße Betrachtungen*. In *KSA*, vol. 1, ed. Giorgio Colli e Mazzino Montinari, pp. 157--510. Berlin & New York: Walter de Gruyter, 1999.

____. *Jenseits von Gut und Böse (Vorspiel einer Philosophie der Zukunft)*. In *KSA*, vol. 5, ed. Giorgio Colli e Mazzino Montinari, pp. 9-243. Berlin & New York: Walter de Gruyter, 1999.

____. *Der Fall Wagner*. In *KSA*, vol. 6, ed. Giorgio Colli e Mazzino Montinari, pp. 9-53. Berlin & New York: Walter de Gruyter, 1999.

Painter, Karen. "Singing at Langemarck in the German Political Imaginary, 1914-1932". *Central European History*, vol. 53, n.º 4 (2020), pp. 763-784.

Reed, T. J. *Thomas Mann: The Uses of Tradition*. Oxford: Clarendon, 1974.

____. "Mann as Diarist". In *The Cambridge Companion to Thomas Mann*, ed. Ritchie Robertson, pp. 226-234. Cambridge: Cambridge University Press, 2004.

Ricoeur, Paul. *Temps et récit, tome 2: La configuration dans le récit de fiction*. Paris: Seuil, 1984.

Ridley, Hugh. *The Problematic Bourgeois: Twentieth-Century Criticism on Thomas Mann's "Buddenbrooks" and "The Magic Mountain"*. Columbia, S. C.: Camden House, 1994.

Sandt, Lotti. *Mythos und Symbolik im Zauberberg von Thomas Mann*. Bern: P. Haupt, 1979.

Schopenhauer, Arthur. *O Mundo como Vontade e Representação*. Trad. António Sousa Ribeiro. Lisboa: Relógio d'Água, 2023.

Schultz, Karla. "Technology as Desire: X-ray Vision in *The Magic*

Mountain". In *A Companion to Thomas Mann's* Magic Mountain, ed. Stephen D. Dowden, pp. 158-176. Columbia, SC: Camden House, 1999.

Shaw, Bernard. *The Perfect Wagnerite: A Commentary on the Niblung's Ring* [1898]. Campaign, IL: Bookjungle, 2009.

Sontag, Susan. *A Doença como Metáfora* [1977] e *A Sida e as Suas Metáforas* [1988]. Trad. José Lima. Lisboa: Quetzal, 2009.

———. "Pilgrimage". In *A Companion to Thomas Mann's* Magic Mountain, ed. Stephen D. Dowden, pp. 221-239. Columbia, SC: Camden House, 1999.

Sprecher, Thomas. *Davos im "Zauberberg". Thomas Mann Roman und sein Schauplatz*. Zürich: Verlag der Neuen Zürcher Zeitung, 1996.

Sprecher, Thomas (ed.). *Auf dem Weg zum Zauberberg: Davoser Litaraturtage 1996*. Frankfurt am Main: Klostermann, 1997.

Sterne, Jonathan. *The Audible Past: Cultural Origins of Sound Reproduction*. Durham & London: Duke University Press, 2003.

Vaget, Hans Rudolf. "'Ein Traum von Liebe': Musik, Homosexualität und Wagner in Thomas Manns *Der Zauberberg*". In *Davos im "Zauberberg". Thomas Mann Roman und sein Schauplatz*, ed. Thomas Sprecher, pp. 111-141. Zürich: Verlag der Neuen Zürcher Zeitung, 1996.

———. "Confession and Camuflage. The Diaries of Thomas Mann". *Journal of English and Germanic Philology*, vol. 96 (1997), pp. 567-590.

——— (ed.). *Thomas Mann's* The Magic Mountain: *A Casebook*. Oxford: Oxford University Press, 2008.

———. "The Making of *The Magic Mountain*". In *Thomas Mann's* The Magic Mountain: *A Casebook*, ed.

Hans Rudolf Vaget, pp. 13-30. Oxford: Oxford University Press, 2008.

———. "'Politically Suspect': Music on the Magic Mountain". In *Thomas Mann's* The Magic Mountain: *A Casebook*, ed. Hans Rudolf Vaget, pp. 123-42. Oxford: Oxford University Press, 2008.

Wagner, Richard. *A Arte e a Revolução*. Trad. José M. Justo. Lisboa: Antígona, 2000.

———. *A Obra de Arte do Futuro*. Trad. José M. Justo. Lisboa: Antígona, 2003.

———. *Mein Leben*. Berliner Ausgabe, 2013 [1911]. Consultado em Meine Bibliotek (www.zeno.org).

Watroba, Karolina. "Reluctant Readers on Mann's *Magic Mountain* (Ida Herz Lecture 2020)". *Publications of the English Goethe Society*, vol. 90, n.º 2, pp. 146-162.

———. *Mann's* Magic Mountain: *World Literature and Closer Reading*. Oxford: Oxford University Press, 2022.

Weigand, Hermann J. *The Magic Mountain: A Study of Thomas Mann's Novel* Der Zauberberg [1933]. Chapel Hill: University of North Carolina Press, 1965.

Wessel, Eva. "Magic and Reflections: Thomas Mann's *The Magic Mountain* and His War Essays". In *A Companion to the Works of Thomas Mann*, eds. Herbert Lehnert e Eva Wessell, pp. 129-146. Rochester, NY: Camden House, 2004.

Winthrop-Young, Geoffrey. "Magic Media Mountain: Technology and the *Umbildungsroman*". In *Reading Matters: Narrative in the New Media Ecology*, eds. Joseph Tabbl e Michael Wutz, pp. 29-52. Ithaca, New York: Cornell University Press, 1997.

Zizek, Slavoj. "Brünnhilde's Act", *The Opera Quarterly*, vol. 23, n.º 2-3 (2007), pp. 199-216.

CRÉDITOS DAS IMAGENS

14-15 O meu espaço de trabalho durante a revisão d'*O Escândalo da Distância*

20 O Grand Hotel Belvedère e o Waldsanatorium em Davos | ETH--Bibliothek Zürich, Bildarchiv

42 Retrato e assinatura de Thomas Mann num postal de 1920 | ETH-Bibliothek Zürich, Thomas-Mann-Archiv

45 Heinrich Mann e Thomas Mann, fotografados no Atelier Elvira, por volta de 1900 | ETH-Bibliothek Zürich, Thomas-Mann-Archiv

46 Samuel Fischer, Karl G. Vollmoeller, Thomas Mann, Katia Mann (em cima), Klaus Mann e Erika Mann (em baixo), fotografados por Hedwig Fischer, em 1911 | ETH-Bibliothek Zürich, Thomas-Mann-Archiv

53 Erika Mann, Katia Mann e Thomas Mann, numa viagem a Nova Iorque, em 1937 | ETH-Bibliothek Zürich, Thomas-Mann-Archiv

54 Thomas Mann, em Los Angeles, em 1944 | ETH-Bibliothek Zürich, Thomas-Mann-Archiv

64 Wotan (Donald MacIntyre) e Brünnhilde (Gwyneth Jones), no Acto II d'*A Valquíria* de Wagner, encenada por Patrice Chéreau, no Festival de Bayreuth (1976-1980); fotografias reproduzidas em *Histoire d'un "Ring"*

84 Partitura d'"A Tília" ("Der Lindenbaum") de Franz Schubert sobre poema de Wilhelm Müller

104 Thomas Mann, diante de um gramofone, na sua casa em Munique, em 1924 | ETH-Bibliothek Zürich, Thomas-Mann-Archiv

132 Páginas iniciais do capítulo 7 d'*A Montanha Mágica* nas edições portuguesa e alemã

152 Thomas Mann, à secretária da sua casa em Los Angeles, em 1941 | ETH-Bibliothek Zürich, Thomas-Mann-Archiv

JOÃO PEDRO CACHOPO

SOBRE O AUTOR

João Pedro Cachopo lecciona Filosofia da Música na Universidade Nova de Lisboa, onde é membro do Centro de Estudos de Sociologia e Estética Musical e colaborador do Instituto de Filosofia da Nova. Os seus interesses, atravessando os domínios da musicologia, da filosofia e dos estudos de *media*, incluem o impacto da revolução digital na cultura contemporânea, a relação entre as artes e questões de performance, dramaturgia e remediação. É o autor de *Callas e os Seus Duplos* (Sistema Solar, 2023), *A Torção dos Sentidos* (Sistema Solar, 2020; Elefante, 2021), traduzido para inglês como *The Digital Pandemic* (Bloomsbury, 2022), e *Verdade e Enigma: Ensaio sobre o Pensamento Estético de Adorno* (Vendaval, 2013), que recebeu o Prémio do PEN Clube Português na categoria de Primeira Obra em 2014. Co-editou *Rancière and Music* (Edinburgh UP, 2020), *Estética e Política entre as Artes* (Edições 70, 2017) e *Pensamento Crítico Contemporâneo* (Edições 70, 2014). Traduziu para português Georges Didi-Huberman, Jacques Rancière e Theodor W. Adorno.

SOBRE A COLECÇÃO

O que se pode fazer, enquanto filosofia e poesia estão separadas, está feito, perfeito e acabado. Portanto, é tempo de unificar as duas.
   Friedrich Schlegel

Na tradição ocidental, deu-se por certa a separação entre filosofia e literatura, tendo-se como consequência um entendimento histórico que cindia, de um lado, a mente, a reflexão ou a razão, e, de outro lado, o corpo, a criação ou a emoção. Perdia-se, assim, a possibilidade de um conhecimento que, em vez de separar, aproximasse filosofia e literatura, perguntando-se: mas escritores não filosofam, e filósofos não escrevem?

Os ensaios abertos desta colecção surgiram da vontade de explorar o modo como, apesar da conhecida crítica metafísica que a filosofia dirigiu à literatura, elas não cessaram de se aproximar, em especial desde a Modernidade. Nessa exploração, a forma do ensaio desponta pela sua capacidade de atrelar diferentes áreas, como a política e a ética, num exercício de escrita que faz a filosofia e a literatura se encontrarem.

A coleção Ensaio Aberto resulta de uma parceria originada no âmbito do Programa de Internacionalização da Capes (Capes-Print) entre a Universidade NOVA de Lisboa e a Pontifícia Universidade Católica do Rio de Janeiro, sob coordenação da investigadora Tatiana Salem Levy (NOVA) e do professor Pedro Duarte (PUC-Rio). O financiamento é realizado pela República Portuguesa através da FCT — Fundação para a Ciência e a Tecnologia, no âmbito do projeto 380 183 do Instituto de Filosofia da NOVA. A selecção de manuscritos se dá por meio de revisão por pares em sistema duplo-cego. A publicação é feita pelas editoras Tinta-da-china, em Lisboa, e Tinta-da-China Brasil, em São Paulo.

A COLECÇÃO

A parte maldita brasileira — Literatura, excesso, erotismo, Eliane Robert Moraes
Não escrever [com Roland Barthes], Paloma Vidal
O mar, o rio e a tempestade — Sobre Homero, Rosa e Shakespeare, Pedro Süssekind
O Escândalo da Distância — Uma leitura d'A Montanha Mágica para o século XXI, João Pedro Cachopo

© João Pedro Cachopo, 2024
Esta edição segue o Novo Acordo Ortográfico
da Língua Portuguesa em suas variantes europeias.
1ª edição: nov. 2024 • 800 exemplares

Coordenadores da coleção: Pedro Duarte • Tatiana Salem Levy
Edição: Tinta-da-china
Revisão: Tinta-da-china
Composição e capa: Tinta-da-china (Pedro Serpa)

DADOS INTERNACIONAIS DE CATALOGAÇÃO NA PUBLICAÇÃO (CIP) DE ACORDO COM ISBD

C119e   Cachopo, João Pedro
           O Escândalo da Distância: uma leitura d'A Montanha Mágica para
           o século XXI / João Pedro Cachopo ; coordenado por Tatiana Salem Levy,
           Pedro Duarte. - São Paulo : Tinta-da-China Brasil, 2024.
           176 p. ; 13cm x 18,5cm. — (Coleção Ensaio Aberto ; v.4)

           ISBN 978-65-84835-35-1

           1. Crítica literária. 2. Ensaio. 3. Filosofia. 4. A Montanha Mágica.
           5. Thomas Mann. I. Levy, Tatiana Salem. II. Duarte, Pedro. III. Título. IV. Série.

                                          CDD 809
           2024-3339   CDU 82.09

Elaborado por Vagner Rodolfo da Silva - CRB-8/9410

ÍNDICES PARA CATÁLOGO SISTEMÁTICO
1. Crítica literária 809
2. Crítica literária 82.09

TINTA-DA-CHINA BRASIL

DIREÇÃO GERAL Paulo Werneck • Victor Feffer (assistente)
DIREÇÃO EXECUTIVA Mariana Shiraiwa
DIREÇÃO DE MARKETING E NEGÓCIOS Cléia Magalhães
EDITORA EXECUTIVA Sofia Mariutti
COORDENADORA DE ARTE Isadora Bertholdo
DESIGN Giovanna Farah • Beatriz F. Mello (assistente) • Sofia Caruso (estagiária)
ASSISTENTE EDITORIAL Sophia Ferreira
COMERCIAL Lais Silvestre • Leandro Valente • Paulo Ramos
COMUNICAÇÃO Clarissa Bongiovanni • Yolanda Frutuoso • Livia Magalhães (estagiária)
ATENDIMENTO Joyce Bezerra • Victoria Storace

Tinta-da-China Brasil/Associação Quatro Cinco Um
Largo do Arouche, 161 sl. 2
República • São Paulo, SP • Brasil
E-mail: editora@tintadachina.com.br
www.tintadachina.com.br

Edições Tinta-da-china
Palacete da Quinta dos Ulmeiros
Alameda das Linhas de Torres, 152 • E.10
1750-149 Lisboa • Portugal
Tels.: 21 726 90 28
E-mail: info@tintadachina.pt
www.tintadachina.pt

Este livro foi composto em caracteres CrimsonPro e Tanker.
Foi impresso na Ipsis, em papel pólen natural de 80 grs. durante o mês de outubro de 2024.